2f50

LES NOUVEAUX EXPLOITS DE CHANTECOQ

Le Tueur de Femmes

PAR ARTHUR BERNÈDE

Collections hebdomadaires du Livre National
ROMANS CÉLÈBRES DE DRAME ET D'AMOUR
ÉDITIONS JULES TALLANDIER
75, Rue Dareau, PARIS (XIVᵉ)

LE TUEUR DE FEMMES

ARTHUR BERNÉDE

LES NOUVEAUX EXPLOITS DE CHANTECOQ

Le Tueur de Femmes

EDITIONS DU LIVRE NATIONAL
75, Rue Dareau, PARIS (XIV⁰)

QUELQUES MOTS AUX LECTEURS

Voici le dernier volume de la série que nous avons consacrée aux nouveaux exploits de Chantecoq.

Non point que notre célèbre ami n'ait pas encore de nombreuses histoires dans son sac ; mais, ainsi qu'il le dit lui-même, avec sa modestie habituelle, il ne faut jamais fatiguer le public, en retenant trop longtemps son attention sur le même personnage, quitte, quelque temps s'étant écoulé, à reprendre, si nos lecteurs et nos lectrices en manifestent le désir, une nouvelle série d'aventures dont le vainqueur de Belphégor et de tant d'autres bandits sera le héros principal.

De tous les récits que nous a révélés Chantecoq, celui que nous avons gardé pour la fin est, peut-être, le plus passionnant de tous.

En effet, au mérite d'une réelle originalité, il joint celui-ci non moins rare d'une humanité profonde.

Il nous montre à la fois jusqu'où peut aller la perversité d'un cerveau exaspéré par le démon du mal et en même temps le courage, l'intelligence et l'habileté d'un homme, qui ne prend au contraire ses directives que dans la notion et l'application du bien.

Certes, nous allons vivre ensemble des instants d'angoisse et même d'épouvante, mais aussi des moments d'enthousiasme, inspiré par la bravoure légendaire et par la perspicacité géniale du plus grand limier de nos temps modernes.

Les événements que nous relatons sont d'ailleurs d'origine récente, ainsi que vous le verrez au cours de leur développement. S'ils n'ont pas été répandus dans le grand public et si la presse n'y a fait que de rares et brèves allusions, c'est que l'honneur de trop de familles était en jeu, qu'il fallait le sauver à tout prix.

Avec le scrupule, que doit avoir tout écrivain, de ne jamais nuire par des phrases imprudentes, des mots à double entente, à des individualités qui ne sauraient être rendues responsables des défaillances de certains des leurs, nous avons dû, ainsi qu'au cours de nos précédents volumes, non pas en dénaturer le fond, mais en donner une expression telle qu'il sera impossible de reconnaître ceux

ou celles qui ont été mêlés directement ou indirectement à cette affaire mysté-
rieuse entre toutes.

Nous nous défendons absolument d'avoir cherché à écrire ce qu'on est convenu
d'appeler le roman à clef, c'est-à-dire, au cours duquel il est facile de reconnaître,
sous la transparence d'un voile qu'un peu de brise soulève, les personnalités
contemporaines qui ont été les protagonistes du drame dont il est question.

De tels procédés, nous les laissons à d'autres. Ce n'est point par le scandale
que nous cherchons à atteindre la masse, mais uniquement par la vérité bonne
à dire, c'est-à-dire par les exemples généraux qui sont beaucoup plus faits à
donner à penser que les études par trop particulières et qui risquent même,
lorsqu'elles n'ont pas cette attention, de paraître diffamatoires, non seulement
aux yeux de ceux qui les lisent, mais aussi dans l'esprit de ceux qui les ont
inspirés.

Nous nous contenterons d'affirmer simplement que Le Tueur de Femmes a
existé, ainsi que ses victimes.

LE TUEUR DE FEMMES

I

LE ROI DES DÉTECTIVES

Nos lectrices et nos lectrices, qui connaissent déjà Chantecoq par les différents récits que nous leur avons faits de ses aventures, nous pardonnerons, en faveur de ceux qui ne les connaissent pas, de rappeler ici que le plus grand détective privé du monde habitait un très joli cottage, à l'avenue de Verzy, voie qui donne dans l'avenue des Ternes.

Cette habitation, enfouie sous la verdure et entourée d'un petit jardin, que dorait le soleil de juin, bénéficiait d'une atmosphère de calme que troublait seulement le spirituel pépiement des moineaux.

Ainsi que nous l'avons écrit dans le *Mystère du Train bleu*, le premier volume de cette série, dans ce joli coin de Paris, « on « éprouvait une sensation de libération, de « détente, de bien-être, et on ne pouvait que « s'écrier :

« — Qu'il doit faire bon vivre ici »

Si l'on pénétrait à l'intérieur de la demeure du grand limier, on sentait grandir cette impression du bien-être. La maison, dont l'architecture intérieure rappelait celle d'une de ces jolies villas normandes telles que l'on en voit sur les plages du Calvados et de la Manche, apparaissait, dès le premier coup d'œil, infiniment confortable et charmante.

D'abord, on entrait dans un grand vestibule très clair, sur lequel s'ouvraient plusieurs portes, dont l'une donnait directement dans le studio du détective.

Nous allons nous y faufiler, immédiatement, sans nous faire annoncer par l'excellent Pierre Gautrais, le fidèle valet de chambre, ancien compagnon d'armes, maître de céans.

Il est deux heures de l'après-midi. Dans cette vaste pièce, qui ressemble beaucoup plus, tant par son ameublement que par les objets d'art que l'on y rencontre, à l'atelier d'un artiste qu'au cabinet de travail d'un policier privé, Chantecoq, tout en fumant **sa** pipe, achève de savourer un excellent **moka,** en compagnie de son gendre Jacques Bellegarde, le reporter bien connu du *Petit Parisien*, de sa fille, la blonde et délicieuse Colette, de son secrétaire, le jeune Météor, petit bonhomme mince, sec, au regard fureteur, sans cesse en éveil et qui doit son surnom à sa faculté d'apparaître et de disparaître avec une rapidité qui tient du prodige.

Chantecoq, bien qu'il ait atteint presque la cinquantaine, donne bien l'impression d'un homme à peine âgé de quarante ans. Il écoute avec un sourire un peu mystérieux son gendre, qui est en train de le mettre au courant des derniers exploits du personnage aussi effrayant que fantomatique auquel la presse et le public ont donné le surnom de *Tueur de Femmes*.

Depuis quelques semaines, en effet, Paris vit dans un état de véritable épouvante. Chaque jour, plusieurs femmes meurent subitement, soit chez elles, soit dans la rue, soit au spectacle.

Des médecins sont unanimes à établir le même diagnostic : embolie. Ce sont, fait très curieux à signaler, presque exclusivement de très jeunes et très jolies personnes.

On dirait que, sous une forme moins brutale, moins sauvage, moins atroce, c'est la fameuse histoire de Jack l'Eventreur, qui, après avoir terrorisé Londres, il y a environ quarante ans, recommençait à Paris, de nos jours.

Jacques Bellegarde, qui a pris tout de suite cette affaire en main et qui a publié dans son journal une série d'articles retentissants, est venu apporter à son beau-père le terrible bulletin de la matinée, c'est-à-dire la dernière liste des victimes qui lui a été communiquée à midi par la Préfecture de police.

Voici la note qu'il lit à haute voix :

1° La marquise de Lézardrieux, la jeune femme du député d'Ille-et-Rance, décédée la nuit dernière au cours d'un bal donné à l'ambassade d'Angleterre ;

2° La belle Lise Destelle, la brillante sociétaire de la Comédie-Française, succombant au cours d'un souper, en présence d'un des personnages des plus importants de la République ;

3° Mme Henriette Mauléon, femme du sous-secrétaire des Eaux et Forêts, expirant le matin, en se promenant au bois de Boulogne ;

4° Mme Juliette Arbois, femme d'un grand industriel de l'automobile, morte au moment où elle s'apprêtait à prendre son volant ;

5° Mme Raymonde Lordier, femme du directeur du grand magasin des Quatre-Saisons, rendant l'âme au début d'une partie de tennis ;

6° Mme Riberti, femme du directeur de la Banque franco-italienne, foudroyée dans sa voiture, au moment où elle s'en allait déjeuner avec des amis au café de la Régence, place du Théâtre-Français.

Et Bellegarde d'ajouter :

— Voilà un bilan peu ordinaire. Si cela continue, toutes les jolies femmes de Paris vont y passer les unes après les autres.

Colette s'écriait :

— Tu me donnes froid dans le dos.

Bellegarde fit :

— Je crois que tu n'as, ma chérie, aucune espèce de crainte à avoir.

— Pourquoi ?

— D'après les renseignements, confidentiels, d'ailleurs, que j'ai recueillis de la bouche même du directeur de la police judiciaire, toutes ces femmes disparues d'une façon aussi étrange, ainsi que l'ont révélé les enquêtes faites à leur sujet, avaient commis ce que l'Evangile appelle le péché d'adultère.

— Oh ! alors, s'écria Colette, avec un élan tout de sincérité et d'amour, je suis absolument rassurée. Si le *Tueur de femmes* s'est érigé en vengeur des maris trompés, je n'ai rien à craindre de sa part.

— J'en suis sûr, reprit Bellegarde, et voilà pourquoi je suis absolument tranquille.

Chantecoq, qui avait écouté son gendre avec beaucoup d'attention, fit, tout en suivant de l'œil les spirales que dessinait dans l'air la fumée de sa pipe :

— Qu'est-ce qu'en pensent les « officiels » ?

Bellegarde répliquait :

— Ils sont littéralement « empoisonnés ».

« La Préfecture a lancé à la trousse de ce mystérieux assassin toute l'élite de ses inspecteurs. Mieux que personne, vous savez que, parmi eux, il en est qui sont des as éprouvés.

Chantecoq déclarait :

— Je suis le premier à leur rendre hommage et à reconnaître que jamais peut-être la police parisienne n'a compté des chefs aussi remarquables et un personnel aussi intelligent, aussi courageux et aussi dévoué. Mais je déclare aussi qu'ils ont, cette fois, une partie terrible à jouer.

« D'après ce que vous me disiez, mon cher Jacques, les médecins sont unanimes à reconnaître que les victimes meurent de la même maladie, c'est-à-dire d'une embolie !

— Parfaitement.

Chantecoq, qui semblait avoir des notions médicales assez étendues, reprit :

— Or, qu'est-ce qu'une embolie ? Le grand médecin Velpeau, si mes souvenirs sont exacts, l'a définie ainsi :

« Oblitération de l'artère produite par un « caillot fibrineux que la circulation a amené « d'une plus grosse artère. »

« D'ailleurs, nul n'a besoin d'être un grand savant pour savoir que cet accident est souvent la conséquence de toutes les phlébites qui doivent avoir une issue fatale; qu'on l'observe également au cours des maladies cancéreuses ; que, dans d'autres cas, l'asphyxie est complète, fatale, et que la mort survient à la suite de l'hématose, c'est-à-dire de la transformation du sang rouge en sang noir par l'action de l'oxygène de l'air, introduit dans les poumons.

« Voilà tout ce que je sais de la question. C'est évidemment très sommaire.

« Pour la traiter d'une façon plus précise, il faudrait non seulement que je consultasse les nombreux bouquins de médecine que je possède dans ma bibliothèque, mais que je me documentasse auprès de ce qu'on appelle les hommes de l'art.

« En tout cas, il est une chose que je crois certaine, c'est que ce phénomène d'embolie peut très bien être causé par un empoisonnement du sang.

— Donc, observait Colette, tu conclus père, que ces malheureuses femmes ont été intoxiquées.

Celui qu'on appelait si justement le roi des détectives répliquait :

— J'en suis convaincu et j'ajouterai même

que je suis sûr que ce n'est pas au moyen d'un poison mêlé à leurs aliments mais au moyen d'une piqûre dont la composition est un poison mortel, qui ne doit laisser aucune trace dans l'organisme.

— C'est excessivement intéressant, répliquait Bellegarde, et si vous voulez me donner à ce sujet une interview pour le *Petit Parisien*...

— Mon cher Jacques, répliquait Chantecoq, vous savez très bien que je suis et serai toujours désireux de vous être agréable ; mais, malheureusement, je me suis promis, juré même, de garder, au sujet de cette affaire, le silence le plus absolu.

« D'abord, parce que j'ai pour principe de ne jamais m'occuper de ce qui ne me regarde pas et que je ne voudrais pour rien au monde paralyser l'œuvre des policiers officiels, ni même paraître leur adresser le plus petit blâme et le moindre conseil.

— Je vous comprends très bien, déclarait Bellegarde, et je vous promets que je serai d'une discrétion absolue.

« Cependant, ceci entre nous : permettez-moi de vous dire que j'ai l'impression que vous n'êtes pas tout à fait d'accord sur les méthodes employées par ceux qui ont pour mission de mettre la main sur le *Tueur de femmes*.

— Mon cher Jacques, répliquait Chantecoq tout en bourrant une nouvelle pipe, je vous répondrai tout franchement que je n'ai aucune opinion à ce sujet.

« J'ai suivi cette affaire dans les journaux ; j'ai eu par vous quelques renseignements inédits dans le genre de ceux que vous venez de me donner ; mais cela m'est très

insuffisant pour établir en moi-même un semblant de conviction et surtout pour m'inspirer un système de recherches.

— Pourtant, émettait Météor, qui, jusqu'à présent, avait gardé le silence, c'est une affaire qui eût été joliment intéressante à vivre, et je m'étonne, patron, que, parmi les nombreux maris devenus veufs d'une façon aussi tragique qu'inattendue, il ne s'en soit pas trouvé un seul qui ait songé à vous pour éclaircir ce que, suivant la vieille formule, j'appellerai une ténébreuse affaire.

Chantecoq eut un sourire ironique.

— Qui te dit qu'on ne se soit pas adressé à moi.

A ces mots, une vive attention se peignit sur les traits des trois auditeurs. Chantecoq poursuivit :

— Maintenant, je puis bien vous le dire, puisque j'ai résolu de ne pas m'occuper de ce Tueur de femmes, ce n'est pas un mari, c'est au moins une dizaine qui sont venus me prier, me supplier même de chercher à découvrir ce bandit effroyable ou, peut-être, qui sait, ce fou, ce maniaque, qui a réussi à échapper jusqu'ici aux plus adroits policiers de France, et continue, je ne dirai pas à leur barbe, puisqu'il est de bon ton de n'en plus porter, mais à leur nez, presque sous leurs yeux, la série de ses effroyables massacres...

« Eh bien ! j'ai refusé. Vous voulez savoir pourquoi, n'est-ce pas ? Je vais vous le dire...

« J'ai refusé, d'abord parce que j'ai toujours eu pour principe, sauf de très rares exceptions, d'éviter d'entrer en antagonisme ou en rivalité avec les agents de la Préfecture de police. Et puis, j'ai toujours mieux aimé consacrer mon cerveau, mon cœur, mes aptitudes et mes forces à la défense d'une cause irréprochable.

« Or, ainsi que le disait tout à l'heure notre cher Jacques, toutes ces femmes étaient, paraît-il, des épouses infidèles. Je déplore qu'elles ont reçu un châtiment aussi cruel, mais enfin, tout ce monde-là, si haut placé soit-il, ne me semble guère intéressant, et j'aime autant m'abstenir.

— Cependant, objectait Colette, ainsi que tu le dis, le châtiment me paraît disproportionné à la faute, et j'ai souvent entendu dire que tu donnais tort au mari ou à la femme qui, pour se venger de la trahison de l'un ou de l'autre, faisaient appel au revolver, au couteau ou au poison.

« Combien de fois as-tu blâmé devant **moi** l'indulgence du jury parisien pour les crimes dits passionnels.

« Voilà pourquoi je crois qu'il serait dangereux, pour la société, de laisser le *Tueur de femmes* continuer ainsi son œuvre et risquer peut-être de sacrifier une innocente.

Bellegarde reprenait :

— J'approuve entièrement ce que vient de dire Colette.

Chantecoq, dont la physionomie avait revêtu une expression de gravité qui ajoutait encore à la pureté de son profil taillé en médaille, répondait lentement :

— Les femmes, surtout quand elles ont comme toi, ma chère Colette, un cœur exquis et un esprit très fin, voient parfois plus vite que nous autres hommes les conséquences de choses qui nous avaient échappé.

« Il est certain, ainsi que tu viens de le

dire, que ce criminel ou ce fou peut commettre une erreur.

« Qui sait même s'il n'en a pas déjà commis ? Si j'en avais la preuve, je n'hésiterais pas à le déclarer ; peut-être alors, sans en avoir l'air, sans risquer de gêner personne, de froisser aucune susceptibilité, me déciderais-je à entrer en lutte contre cette sorte de fantôme vivant, qui pourrait bien se transformer un jour en un redoutable fléau, dont eût à souffrir l'humanité.

« Mais, d'ici là, je préfère demeurer dans la position d'un observateur, et je ne vous cacherai pas, d'ailleurs, que cela m'intéresse vivement de savoir comment mes collègues de la Préfecture vont s'y prendre pour débrouiller cette énigme, qui me semble excessivement difficile à déchiffrer.

« Je crois même que rarement problème policier plus compliqué ne s'est posé.

« Pour ma part, je reconnais loyalement que, si j'étais chargé de le résoudre, je serais singulièrement perplexe.

— Oh ! patron ! protestait Météor, permettez-moi de vous contredire avec tout le respect que je vous dois.

« Ainsi que vous le dites, vous seriez peut-être gêné pendant quelques instants, mais je connais votre flair. Aussi, j'ai la conviction que votre embarras serait de brève durée et que vous ne tarderiez pas à découvrir ce *Tueur de femmes*. Je ne dirai pas que vous avez fait plus fort que ça, mais vous avez fait aussi fort, et moi qui crois bien vous connaître, ceci dit sans le moindre esprit de flagornerie, j'affirme qu'avec vous ça ne traînerait pas.

— Météor a raison, appuyait Bellegarde.

J'ajouterai même que vous êtes le seul policier capable de démasquer et d'arrêter ce misérable.

Chantecoq répliquait :

— Je suis très flatté de la haute opinion que vous avez de moi...

Colette s'empressait d'accéder :

— Ce n'est pas moi qui la contredirais.

Le détective, avec force, martelait :

— Inutile d'insister ; je vous ai donné mes raisons et je ne puis que vous répéter : pour me faire changer d'attitude, il faudrait vraiment qu'il se produisît un fait nouveau et tout à fait extraordinaire.

A peine avait-il prononcé ces mots que l'on heurtait discrètement à la porte.

— Entrez, fit Chantecoq.

Son valet de chambre apparut. Il portait à la main un plateau sur lequel reposait une enveloppe cachetée.

Chantecoq s'empara du message, l'ouvrit et en sortit une carte de visite. Il lut attentivement les quelques lignes d'écriture tracées d'une main fébrile au-dessous du nom du solliciteur. Puis il balbutia :

— C'est étrange !

Il réfléchit pendant quelques secondes, au milieu d'un profond silence, car sa fille, son gendre et son secrétaire, ainsi que son valet de chambre, étaient habitués à se taire devant lui chaque fois que cela leur semblait indiqué.

Le grand limier, un bon sourire aux lèvres, fit simplement :

— Ma chère Colette, vous aussi, mon cher Jacques, je vais vous demander de me rendre ma liberté. Une visite importante... inattendue.

— Père, répliquait la jeune femme, nous allions, Jacques et moi, prendre congé de toi, lui pour passer à son journal, où j'irai le reprendre, après que j'aurai fait quelques courses dans Paris.

— Alors, mes enfants, déclarait le roi des détectives, au revoir et à très bientôt, j'espère !

Il embrassa très tendrement sa fille, serra cordialement la main de Bellegarde et les reconduisit tous deux jusqu'au seuil de son studio, en leur disant :

— A moins d'empêchement imprévu, j'irai vous demander dimanche à déjeuner dans votre charmante propriété de Saint-Germain.

— Père ! s'exclamait Colette, tu nous feras un grand plaisir.

Jacques Bellegarde ajouta :

— Ainsi que chaque fois que vous venez nous voir.

Le jeune ménage s'éloigna du pas alerte de gens heureux.

Chantecoq revint vers Météor et lui dit :

— Va te placer à ton poste d'écoute ordinaire et je te prie de soigner tout particulièrement la sténographie que tu vas prendre. La conversation que je vais avoir avec la personne que je m'apprête à recevoir me promet d'être pleine d'intérêt.

— Bien, patron, fit Météor, qui s'éclipsa derrière un rideau de velours rouge, qui devait séparer le studio d'une autre pièce.

Se tournant alors vers Pierre Gautrais, qui, dans une attitude presque militaire, attendait les ordres de son maître, Chantecoq fit simplement :

— Fais entrer M. Maurice Barrois !

II

UN DRAME DE FAMILLE

Gautrais fit un demi-tour par principe, qui lui eût certainement valu les félicitations d'un sergent instructeur, et il disparut dans l'antichambre.

Chantecoq, de nouveau, regarda la carte d'un air intrigué. Pour qu'il eût donné l'ordre d'introduire en sa présence un personnage dont il lisait le nom pour la première fois, il fallait que les lignes tracées sur le bristol élégant fussent de la plus haute importance ou du moins excitassent en lui une curiosité professionnelle très vive.

La porte s'ouvrit de nouveau, livrant passage à un homme d'une trentaine d'années, vêtu avec beaucoup d'élégance, dont le visage franc, ouvert, et les allures distinguées ne pouvaient qu'inspirer une immédiate sympathie.

Chantecoq, avec sa courtoisie habituelle, fit, en lui désignant un siège placé en face de sa table de travail :

— Monsieur, soyez le bienvenu et veuillez vous asseoir.

Le visiteur s'installa. Son visage révélait une vive anxiété, en même temps qu'une réelle émotion douloureuse.

— Monsieur Chantecoq, attaqua-t-il, si je me suis permis de me présenter ainsi devant vous, sans avoir eu l'honneur de vous demander un entretien, c'est qu'il s'agit pour moi d'aller vite, très vite, et d'obtenir de vous, dans le plus bref délai, mieux qu'un conseil, c'est-à-dire votre entier concours.

Chantecoq, impassible, écoutait son interlocuteur, qui poursuivait :

— Monsieur, ainsi que je vous l'ai écrit en quelques mots sur ma carte, il s'agit de sauver l'existence d'un innocent, ou plutôt d'un malheureux qui est mon frère.

« Il veut se tuer et seul, monsieur Chantecoq, vous pouvez empêcher une aussi effroyable catastrophe.

— Monsieur, répliquait Chantecoq, bien que j'aie l'honneur de vous rencontrer seulement aujourd'hui pour la première fois, votre personnalité ainsi que celle de votre frère ne me sont pas absolument inconnues : vous êtes bien en effet les fils de M. Auguste Barrois, métallurgiste.

— Parfaitement.

Cette affirmation parut produire une impression très favorable sur le grand détective, car il reprit aussitôt :

— J'ai été en rapport avec M. votre père, il y a environ huit ans, au sujet d'un vol de titres dont il avait été victime.

— Je m'en souviens parfaitement, répliquait Maurice Barrois, et mon père m'a raconté que, grâce à vous, il avait pu rentrer en possession de toutes les valeurs qui lui avaient été dérobées.

« C'est précisément en souvenir de ce service éminent que vous lui avez rendu et qui prouve à quel point votre célébrité est justifiée que, mon père et moi, nous avons décidé d'un commun accord de faire appel à votre concours.

— Il vous est acquis d'avance, monsieur, répliquait le détective.

« J'ai, en effet, conservé de M. votre père un excellent souvenir, et je serais très heureux si je pouvais de nouveau lui être agréable.

Le jeune industriel répliquait :

— Je n'en attendais pas moins de vous, monsieur Chantecoq, car je savais que, si vous êtes le détective le plus habile du monde, vous êtes aussi le meilleur homme de la terre.

Chantecoq, qui était la modestie même, esquissa un geste de protestation ; puis il reprit :

— Maintenant, monsieur, je vous écoute avec la plus grande attention. Je mets à cela, toutefois, plusieurs conditions : la première, c'est que vous me direz non pas la vérité, mais toute la vérité ; la seconde, c'est que vous répondrez sans la moindre réticence à toutes les demandes de renseignements que je vous adresserai ; la troisième, enfin, que vous vous engagez à ne me poser aucune question non seulement au cours de l'entrevue que nous avons en ce moment, mais encore pendant l'enquête à laquelle je vais me livrer et les démarches que je vais accomplir en vue d'empêcher M. votre frère de donner suite à ses idées de suicide.

Maurice Barrois répliquait avec conviction :

— Je m'y engage sur l'honneur, monsieur Chantecoq.

— Alors, tout va bien, posait le père de Colette. Nous allons pouvoir travailler en d'excellentes conditions et je vais faire l'impossible pour que votre frère abandonne totalement ses projets.

« Quand je me mets quelque chose dans la tête, il est bien difficile de m'en faire démordre ; car je suis de ceux qui ont pour principe de croire en la victoire ; c'est presque la remporter.

Sur un ton de cordialité bienveillante, Chantecoq ajouta :

— Maintenant, vous avez la parole pour me dire quelles sont les raisons qui poussent M. Jacques Barrois à se détruire.

Encouragé par cet accueil, le fils cadet du grand métallurgiste, dont les établissements figurent parmi les plus importants de France, reprit aussitôt :

— Mon frère, qui est l'honneur et la loyauté même, a épousé, il y a deux ans, une jeune fille sans dot, sans aucune espérance, et qui, bien qu'appartenant à la plus haute aristocratie de France, allait être réduite à donner quelques leçons d'anglais ou à servir de guide aux Américains qui viennent visiter la France.

— Son nom de jeune fille ? lançait le roi des détectives.

— Marie-Louise de Beaurevoir.

— Bien, veuillez continuer.

— Ma belle-sœur était et est toujours remarquablement belle. Hier encore, nous la croyions aussi vertueuse et aussi attachée à mon frère qu'une honnête femme peut l'être envers l'homme qu'elle aime et auquel elle doit une reconnaissance infinie.

« Il n'en était rien.

« Marie-Louise, sous ses aspects de charme, d'honnêteté, de délicatesse féminine, cachait une âme abominable.

« Depuis quelque temps, mon frère et moi-même nous avions reçu des lettres anonymes qui l'accusaient formellement d'adultère.

« Ces lettres, que nous considérions

comme une calomnie infâme, ne nous inspirèrent que du dégoût et nous n'en tînmes aucun cas, tant elles nous paraissaient odieusement invraisemblables.

« En effet, n'allaient-elles pas jusqu'à accuser Marie-Louise d'avoir des relations intimes avec un vague danseur de villes d'eaux, muni d'un casier judiciaire, et qui se vantait ouvertement d'avoir été l'amant entretenu de plusieurs femmes très chic de Paris.

« Or, ce matin, j'étais chez moi, vers onze heures, lorsque je vois mon frère pénétrer en coup de vent dans mon cabinet de travail. L'air à moitié fou, il s'écria :

« — Mon pauvre ami, je suis désespéré, les lettres anonymes avaient dit vrai : ma femme est la maîtresse de ce Gomez Stardo ; je viens d'en avoir la preuve, puisque, chez moi, dans ma maison, sous mon toit, j'ai surpris Marie-Louise entre ses bras. »

« Et mon pauvre Jacques a ajouté :

« — Maintenant, je sais ce qui me reste à faire, je n'ai plus qu'à me brûler la cervelle. »

« Et, fou de douleur, à bout de force, le cœur prêt à éclater, il s'est évanoui.

« Immédiatement j'ai téléphoné à mon père, qui est accouru avec un médecin. Celui-ci a diagnostiqué une syncope simple.

« Mon frère n'a pas tardé à revenir à lui et, de plus en plus surexcité, en proie à une fièvre folle, de nouveau il s'est écrié :

« — Je veux me tuer, je veux mourir ! »

« Le docteur a réussi non sans peine à lui administrer une potion calmante, grâce à laquelle il va pouvoir goûter quelques heures de sommeil. J'en ai profité pour me rendre chez ma belle-sœur, qui était sortie.

« Puis, sur le conseil de mon père, je me suis rendu auprès de vous, afin de vous demander votre avis.

« Voilà toute la vérité, telle que vous me l'avez demandée.

« Dites-moi maintenant, monsieur Chantecoq, ce que vous pouvez faire pour empêcher la catastrophe que je sens planer au-dessus de nous.

Chantecoq reprenait :

— Ce genre d'affaire sort absolument du cadre dans lequel je suis habitué à évoluer. Il s'agit d'un drame psychologique et je ne vois pas très bien comment moi, qui ne saurais avoir aucune espèce d'influence sur votre frère, je pourrais, mieux que vous qu'il aime et dont il se sait aimé, exercer sur lui une emprise plus considérable que la vôtre. Je ne suis pas hypnotiseur !

— Je sais, protestait vivement Jacques Barrois, que vous êtes un grand psychologue.

— Mon Dieu ! disait Chantecoq, il se peut, en effet, que je sois doué d'une certaine capacité de raisonnement et même d'une réelle force de persuasion. Je les mets à votre service.

— Croyez, monsieur Chantecoq, que, mon père et moi, nous vous en garderons une reconnaissance infinie.

— Je ne vous promets qu'une chose, déclarait le roi des détectives, c'est de tout mettre en œuvre pour empêcher l'irréparable... Mais je ne vous garantis nullement que je réussirai...

— Vous avez déjà accompli tant de miracles !...

— Dites plutôt d'opérations heureuses...

— Vous êtes trop modeste.

— Pas du tout... En attendant, si vous le voulez bien, je vais vous prier de me donner quelques renseignements, dont j'ai besoin avant d'entrer en action.

— Monsieur Chantecoq, répliquait Maurice Barrois, je suis prêt, ainsi que vous me l'avez demandé, au début de cet entretien, à répondre à toutes les questions que vous me poserez.

— Parfait. Je commence... M. votre frère a-t-il des idées religieuses ?

— Sans être absolument athée, il ne pratique aucune religion.

— Voulez-vous en quelques traits rapides me dépeindre son caractère ?

— Très volontiers... C'est un garçon très intelligent, très loyal, travailleur. Il a des ambitions politiques... Il veut être quelqu'un... Mais il n'a rien de ces fâcheux arrivistes qui ne reculent devant aucune turpitude pour atteindre le but qu'ils se sont assigné.

« Son succès, il entend ne le devoir qu'à lui-même, qu'à sa valeur personnelle. C'est un honnête homme dans toute l'acception du mot... et, par-dessus tout, un travailleur, poussé à la fois par la volonté de conserver et d'agrandir notre patrimoine, mais plus encore de contribuer à la richesse de notre pays et à l'amélioration des conditions sociales de l'existence...

Chantecoq, qui écoutait attentivement son interlocuteur, reprenait aussitôt :

— Est-il d'une bonne santé physique ?...

— Excellente... A part quelques maladies d'enfant, il n'a jamais rien eu... Très sportif, mais sans excès, il ne s'est jamais livré à aucun abus. On peut lui appliquer la vieille maxime latine : *Mens sana in corpore sano...* (Esprit sain dans un corps sain.)

— Très bien, approuvait le roi des détectives, que ces renseignements paraissaient vivement satisfaire.

« Maintenant... parlons un peu de Mᵐᵉ votre belle-sœur.

« Vous m'avez dit qu'elle était très belle et que vous la croyiez fidèle.

— C'est exact !...

— Par conséquent, jusqu'à ce jour, rien dans sa conduite, dans ses propos, dans ses attitudes n'a pu vous faire soupçonner qu'elle trompait votre frère ?...

— Rien... absolument rien !

— Il faut donc qu'elle ait été la fausseté même.

— En effet... Mon frère m'a raconté que la veille, elle lui avait demandé de l'emmener au théâtre et souper ensuite dans un cabaret à la mode... Mon frère accepta et il m'a affirmé qu'ils avaient passé une soirée charmante, une vraie soirée d'amoureux !

— Il a donc fallu, posait nettement le limier, que Mᵐᵉ Barrois fût douée d'une capacité d'hypocrisie peu commune... A moins que... fit Chantecoq...

Mais, brusquement, il s'arrêta.

— A moins que... ? répéta son interlocuteur...

Mais le roi des détectives ne semblait pas disposé à s'aventurer sur un terrain qu'il n'avait pas suffisamment repéré... Et il reprit aussitôt :

— M. votre frère et Mme votre belle-sœur avaient-ils des ennemis ?

— Pas à ma connaissance... Ils étaient très aimés... très estimés...

« D'ailleurs, vivant beaucoup l'un par l'autre et l'un pour l'autre, ils ne tenaient nullement aux nombreuses relations, et on les voyait assez rarement dans le monde...

— Et ce Gomez Stardo ?...

— C'est ce matin seulement que j'ai entendu prononcer son nom pour la première fois...

— Veuillez être assez aimable, monsieur Barrois, pour me donner votre adresse...

— 37, rue Murillo...

— Je vous remercie...

— Vous n'en prenez pas note ?...

Chantecoq répliquait avec un sourire plein de finesse :

— J'ai une mémoire qui me permet de ne jamais rien écrire... pas même la liste de mes rendez-vous...

— C'est merveilleux !

— Un simple don naturel... fit le limier...

Et sur un ton plein de courtoisie, il ajouta :

— Je crois que, pour l'instant du moins, nous n'avons plus grand'chose à nous dire.

Maurice Barrois se leva.

Chantecoq, tout en l'imitant, poursuivit :

— Je vais vous demander de bien vouloir retourner près de votre frère... je vous rejoindrai dans une heure environ...

— C'est entendu...

Mais, comme si une subite inspiration l'éclairait, Chantecoq s'écriait :

— Ou plutôt non... je vais vous accompagner tout de suite... Je veux être là quand il se réveillera... Vous lui direz qui je suis...

Le roi des détectives n'acheva pas sa phrase. Une sonnerie de téléphone stridait dans le studio.

Le grand policier privé saisit l'appareil et écouta... Puis, il dit au visiteur :

— C'est vous, monsieur, que l'on demande !

Maurice Barrois s'empara du récepteur et écouta...

Chantecoq l'entendit murmurer :

— Oui, père, c'est moi...

Et il garda le silence.

Presque aussitôt, son visage exprima une indicible épouvante, tandis que ces mots lui échappaient :

— C'est affreux !... c'est horrible !... Mon pauvre frère !... La malheureuse ! Oui, je reviens tout de suite !

D'une main tremblante, il raccrocha l'appareil... Puis, pâle, bouleversé, il se tourna vers Chantecoq et lui dit d'une voix frémissante :

— Mon père me fait savoir que ma belle-sœur est morte subitement, il y a une heure environ, sous les arcades de la rue de Rivoli, en face du ministère des Finances.

Le roi des détectives eut un léger sursaut. Maurice Barrois reprenait :

— Je vais rentrer tout de suite chez moi... Sans doute, monsieur Chantecoq, auronsnous besoin de vous pour éclaircir ce mystère... Il se peut que ma belle-sœur se soit suicidée... ou bien...

« Vous me voyez tellement accablé par la

nouvelle de cette catastrophe, que je suis incapable de raisonner... Puis-je toujours compter sur vous ?

Chantecoq répliquait :

— Voulez-vous me permettre de vous donner mon avis ?...

— Je vous en prie... ponctuait le fils du grand industriel.

— Eh bien ! accentuait le roi des détectives, si vous voulez éviter un scandale, *gardez le silence et ne cherchez pas à savoir !...*

Maurice Barrois regarda bien en face son interlocuteur, dont les yeux, tout de lumière, reflétaient la magnifique intelligence et la superbe loyauté. Et il fit :

— Vous avez raison, monsieur Chantecoq, sauvegarder la mémoire de la morte et préserver notre nom de toute souillure, tel doit être notre devoir. Nous l'accomplirons.

Gravement, il ajouta :

— Au nom de mon père et du mien, je vous remercie vivement de l'excellent conseil que vous venez de me donner. Je connais assez mon père et mon frère pour avoir le droit de vous affirmer qu'il sera suivi à la lettre.

Maurice Barrois tendit la main au limier, qui la serra avec une réelle sympathie.

Lorsque Chantecoq eut reconduit le visiteur jusqu'au seuil de son studio, il revint vers sa table de travail, devant laquelle se dressait déjà, son bloc-notes à la main, l'agile Météor, surgi on ne sait d'où... Et le secrétaire du détective s'écria :

— Patron... c'est sûrement encore un coup du *Tueur de femmes.*

III

Le grand limier se croisa les bras sur la poitrine ; et, tout en hochant la tête, il lança à son secrétaire :

— Ah ! tu as trouvé cela tout seul !

Météor ripostait :

— Je crois, patron, que je n'ai pas fait preuve d'une extraordinaire clairvoyance... Mme Barrois trompait son mari...

Chantecoq haussa dédaigneusement les épaules...

Météor se dit :

« Je crois que j'ai fait une gaffe ou dit une bêtise. »

Lentement, le plus grand policier des temps modernes reprenait :

— Mme Barrois n'a pas trompé son mari.

— Hein ! sursauta Météor...

— Tu as l'air d'en douter, insinuait Chantecoq.

— Non, patron... puisque c'est vous qui le dites... Cependant...

Il se tut, craignant, en achevant sa pensée, de provoquer la mauvaise humeur de son chef.

Celui-ci reprenait :

— Allons, parle !...

— Ça me gêne un peu...

— Pourquoi ?

— Parce que je ne voudrais pas, patron,

que vous puissiez croire un seul instant que je me permets de vous contredire.

— Me contredire ! s'exclamait le roi des détectives... Me contredire ! Non seulement tu en as le droit, mais aussi le devoir.

« Combien de fois déjà ne t'ai-je pas chargé d'être auprès de moi *l'avocat du diable*, c'est-à-dire de m'exposer et de m'opposer tous les arguments sérieux ou non qui te passent par la tête ?

« Je n'ai pas la sotte prétention de ne jamais tomber dans l'erreur.

« Ceux qui prétendent ne se tromper jamais sont des orgueilleux et, par conséquent, des imbéciles.

« Depuis trois ans que tu es mon élève, tu m'as donné assez de preuves d'intelligence, de dévouement, d'habileté, d'audace et d'esprit d'initiative, pour que je te permette, que je te demande et, au besoin, que je t'ordonne de me soumettre des objections et même de me contredire... Car je ne te considère plus comme un disciple... mais comme un collaborateur...

Eperdu de reconnaissance, l'excellent Météor allait se précipiter vers la main de son maître... pour la serrer et l'embrasser peut-être...

Ce titre de collaborateur qu'il avait tant désiré s'entendre décerner par celui dont il avait fait son Dieu et qui résonnait à ses oreilles beaucoup plus tôt qu'il n'eût osé l'espérer, le transportait littéralement d'allégresse.

Mais Chantecoq l'arrêtait, en disant :

— Les effusions viendront après... Travaillons !...

Il s'assit devant sa table...

Comme Météor restait debout, son chef lui fit, en lui désignant un siège bien en face de lui :

— Installe-toi là...

Météor obéit.

— Maintenant, fit Chantecoq, tu as la parole...

— Patron, attaquait le jeune secrétaire, j'ai d'autant mieux écouté la conversation que vous venez d'avoir avec M. Maurice Barrois, que vous m'aviez chargé d'en prendre la sténographie, ainsi que je le fais chaque fois qu'un nouveau client se présente.

« Après ce qu'il vous a révélé, il m'apparaissait que la culpabilité de sa belle-sœur était évidente. Aussi ai-je été vivement surpris, lorsque vous m'avez déclaré qu'elle n'était pas coupable...

— Je le comprends... Car toutes les apparences sont contre elle.

— N'est-ce pas, patron ?...

— Je te l'accorde, fit Chantecoq.

Avec l'accent de la conviction la plus absolue, le roi des détectives martela :

— Et, pourtant, je suis sûr du contraire.

— C'est épatant !

— Qu'est-ce qu'il y a d'épatant ?...

— Trois choses, patron : 1° que cela soit ; 2° que vous en soyez averti ; 3° que vous n'en ayez rien dit à son beau-frère...

Chantecoq, dont le regard pétillait de malice, ripostait :

— Je vais te répondre sur les trois points et tu vas voir combien j'ai raison...

— Je n'en doute pas, patron... Tout ce que vous m'affirmez n'est-il pas pour moi un article de foi ?... Et quand bien même vous ne m'expliqueriez rien, je serais prêt à jurer sur ma tête que cette pauvre jeune femme n'a jamais trompé son mari. Vous me le dites... Cela me suffit... Donc, si cela vous ennuie de parler...

— Pas du tout, interrompait vivement le roi des détectives...

« J'estime, au contraire, que tu dois être mis au courant de tout, pour la raison bien simple que je viens de me décider à donner la chasse à l'assassin de Mme Barrois...

— Au *Tueur de femmes*?...

— Parfaitement, au *Tueur de femmes*...

— Patron, vous m'en voyez ravi...

— Tant mieux...

Météor, avec sa franchise habituelle, appuyait :

— Je ne vous cacherai pas que j'étais tout déconfit de constater que vous dédaigniez cette affaire, qui s'annonce comme l'une des plus importantes et peut-être même la plus retentissante de notre temps. J'étais très attristé de penser qu'un autre que vous était peut-être appelé à démasquer ce gredin. Aussi, je ne saurais vous dire combien je suis heureux que vous vous déclenchiez enfin !...

« Quelles belles heures nous allons vivre !... ou plutôt je vais vivre encore à vos côtés ! Car vous l'aurez, celui-là, comme vous avez eu les autres... comme vous les aurez tous, y compris le diable, si vous avez jamais la mission ou simplement l'idée de l'arrêter !

Sans paraître prêter la moindre attention à l'enthousiasme de son collaborateur, enthousiasme auquel, d'ailleurs, il était habitué, Chantecoq reprit :

— Météor, tu as un grand défaut...

— Dites-le-moi vite, patron ! afin que je puisse m'en guérir...

— Tu as toujours la manie, quand on traite un sujet, de t'en éloigner...

— Excusez-moi, patron, je ferai tout mon possible pour me corriger de cette fâcheuse manie...

Tout en souriant avec bienveillance, le fin limier reprenait :

— En attendant, revenons à la question... Celle de la victime innocente.

Avec sa précision habituelle, le roi des détectives développait.

— Je vais te raconter ce triste et véritable drame de famille. Le voici dans toute sa précision et son intégrité. Deux ans après que son fils Jacques eut épousé Mlle de Beaurevoir, M. Barrois père apprenait par un de ses amis, qui eût cent fois mieux fait de se taire, que sa belle-fille avait un frère qui était un véritable coquin.

« Ce jeune drôle, que sa famille avait envoyé aux colonies, autant pour s'en débarrasser que pour le forcer à gagner sa vie, avait mené à Saïgon et dans deux différentes villes de l'Indochine une existence plutôt fâcheuse.

« Il avait même été compromis dans une affaire de vol... et condamné à cinq ans de prison.

« Après avoir purgé sa peine, il était revenu en France et, au lieu de chercher à se réhabiliter en gagnant honorablement sa vie, il avait préféré à nouveau le jeu et courir les risques d'une existence plus qu'interlope. Son père et sa mère étant morts, il ne restait plus à ce vilain oiseau d'autre parent que sa sœur...

LE TUEUR DE FEMMES

« Celle-ci, à l'insu de son mari et de tous, entreprit de le sauver... C'était très beau... très touchant... Mais d'une imprudence rare... Secrètement, Mme Jacques Barrois s'en vint me trouver et me demanda de l'aider à retrouver l'enfant ou plutôt le frère prodigue. Je ne tardai pas à le découvrir...

« Cette fleur vénéneuse s'épanouissait dans la faune de la haute pègre, où il se donnait comme Argentin et se faisait appeler Gomez Stardo.

« Je recueillis sur lui des renseignements si abominables que je conseillai Mme Barrois de ne plus s'occuper de ce frère, qui m'apparaissait insauvable et n'hésitait pas, pour vivre, à se faire entretenir par des dames âgées et même à les dépouiller, fort habilement, d'ailleurs, de leurs bijoux, chaque fois que l'occasion s'en présentait.

« Cette jeune femme me répondit qu'elle avait juré à ses parents, à leur lit de mort, de ne jamais abandonner son frère... et qu'elle ne pouvait manquer à un pareil serment.

« Je lui conseillai de tout dire à son mari. Elle s'y refusa, car elle craignait que celui-ci ne la détournât comme moi d'une mission qu'elle considérait comme sacrée entre toutes. Je l'engageai à se montrer autrement prudente et je ne lui cachai pas les dangers auxquels elle allait s'exposer... Elle ne voulut pas m'écouter... Elle eut tort. Tu viens d'apprendre les résultats de son obstination.

« Maintenant, tu es au courant aussi bien que moi des dessous de cette affaire...

— C'est épatant... murmurait Météor, très impressionné par le récit de son chef.

Tout en le dévisageant de son regard pénétrant, Chantecoq reprenait :

— A ton nez qui remue... ou plutôt à tes narines qui frémissent, je devine, ô Météor, que tu as encore quelques questions à me poser...

— Patron, je ne voudrais pas abuser...

— Profites-en pendant qu'il en est encore temps, déclarait le grand policier privé...

« Car tu dois me connaître assez pour savoir que, dès mon entrée en action, — et elle ne saurait tarder, — je n'accepterai de ta part, pas plus que de personne, la moindre interrogation.

— Alors, patron, je me jette à l'eau.

— Tu peux. Car, ainsi qu'on le dit vulgairement, *tu sais nager.*

— N'est-ce pas vous qui m'avez appris ?...

— Au fait, sempiternel bavard...

— Voici, patron... Comment Mme Jacques Barrois a-t-elle pu recevoir chez elle, au domicile conjugal, l'individu taré entre tous qu'était son frère ?...

Chantecoq répliquait :

— Celui-ci se sera présenté chez elle en l'absence du mari... Mme Barrois, par crainte du scandale, par bonté d'âme, n'aura pas voulu l'évincer... Venu certainement pour réclamer une somme d'argent, il l'aura obtenue. Feignant alors une reconnaissance chaleureuse, il l'aura embrassée !...

« Survenant à l'improviste, Barrois aura confondu cette étreinte fraternelle avec les marques de la plus parfaite trahison conjugale.

« Le frère se sera empressé de filer... La jeune femme, éperdue, épouvantée, n'aura fait, par son attitude affolée, qu'accentuer la conviction du mari... Et quand elle aura voulu s'expliquer... il était trop tard !

« Voici comment je reconstitue les faits... Y vois-tu clair, à présent ?

Météor ripostait :

— Comme si j'avais assisté à tout.

— Et voici qu'au moment où je vais, en quelques mots, rassurer M. Jacques Barrois, lui apporter la preuve manifeste, absolue de l'innocence de sa femme, j'apprends que celle-ci vient de succomber, assassinée, ainsi que tu l'as tout de suite deviné, par le *Tueur de femmes !* Voilà pourquoi je déclare la guerre à ce mystérieux bourreau des femmes adultères, puisque, dans son aveuglement, dans sa rage, dans sa démence, il a sacrifié une innocente.

— Bravo ! patron, applaudissait le secrétaire. Je vous reconnais bien là. Vous êtes et vous serez toujours le champion héroïque et désintéressé des nobles causes.

Chantecoq déclarait :

— Je le puis d'autant mieux, grâce à la fortune que j'ai gagnée en retrouvant tous ces colliers et bijoux divers, que tant d'Américaines vicieuses et toquées avaient laissé tomber entre les mains de leurs sinistres amoureux de rencontre.

« D'ailleurs, tu as déjà pu t'en apercevoir, je ne suis jamais aussi heureux, aussi à mon aise que lorsque je travaille pour la gloire.

— Vous n'êtes pas seulement le premier détective de tous les temps, vous êtes un grand, un très grand artiste.

— Je suis tout simplement un honnête homme

— C'est égal, scandait Météor, ce *Tueur de femmes* doit être un numéro peu ordinaire !...

« Pour qu'il ait réussi à savoir aussi vite non pas que Mme Barrois trompait son mari, mais tout au moins en donnait l'apparence et qu'une heure après il l'ait expédiée dans un autre monde... il faut qu'il soit à la fois très « culotté » et très renseigné.

— C'est mon avis, approuvait le célèbre limier...

Météor observait :

« Il doit avoir des rabatteurs qui lui signalent les cas les plus intéressants.

— Erreur ! coupait net le roi des détectives. Le *Tueur de femmes* opère seul... Ainsi que le faisait son devancier l'Anglais Jack l'Eventreur... Voyons, réfléchis un peu... Un tel bandit ne peut pas avoir de complices... Il redouterait trop d'être dénoncé...

— Alors, comment peut-il agir aussi rapidement ?... Il est évident qu'il ne frappe pas au hasard.

— Sur ce dernier point, mon petit, je suis tout à fait d'accord avec toi, et c'est là qu'est la clef de l'énigme. J'ajouterai qu'elle n'est pas commode à trouver...

— Sans doute le *Tueur de femmes* a-t-il un truc...

— C'est probable !

— Mais lequel ?

— Voilà, ponctuait Chantecoq. C'est ce qui nous reste à rechercher... Pendant que je vais me livrer à mes réflexions et préparer ou, tout au moins, essayer de préparer un plan de campagne, va vite me transposer au clair la sténographie de ma conversation avec Maurice Barrois... Tu en as pour deux bonnes heures ?...

— A peu près...

— Inutile de te bousculer... Je suis en ce moment dans la situation d'un écrivain qui, obligé d'écrire un roman, se trouve devant sa première page blanche avec son stylo à la main, mais avec peu ou point d'idées en tête. Il s'agit donc de faire travailler mes méninges... Puissent les dieux m'inspirer !...

— Ils vous inspireront, patron !...

Cette fois, Météor n'eut pas le temps de se volatiliser... Chantecoq, tout en mettant sa main sur son épaule, lui disait :

— Au fait, j'oubliais un détail... Il est fort possible que je sois obligé de m'absenter avant que tu aies terminé ta besogne.

— Que devrais-je faire, en ce cas ? interrogeait le secrétaire...

— M'attendre et recommander à notre bonne et chère cuisinière Marie-Jeanne Gautrais de nous faire un très bon dîner. Car j'imagine que, dès la nuit prochaine, nous allons entrer en campagne.

— Patron, s'exclamait Météor, le visage joyeux, je parie que vous avez déjà trouvé quelque chose...

— Fiche-moi le camp... maintenant, ordonnait le roi des détectives...

Météor ne se le fit pas dire deux fois... En trois secondes, il avait disparu derrière la tenture... Demeuré seul, Chantecoq, ainsi qu'il en avait l'habitude chaque fois qu'il devait concentrer sa pensée sur un point aussi important que défini, se mit à arpenter son studio...

Il était tellement absorbé dans sa réflexion qu'il ne songea même pas à allumer sa pipe... Un instant, il s'arrêta pour murmurer quelques mots sans suite et auxquels il eût été impossible de donner une solution... Puis, il se remit à déambuler, les sourcils froncés, l'œil brillant, brûlé par une sorte de fièvre intérieure.

Au bout d'une demi-heure environ, il s'en fut s'asseoir devant sa table de travail, se plongea la tête entre les mains et réfléchit encore pendant plusieurs minutes.

Enfin, il redressa la tête. Ses sourcils s'étaient détendus. Son visage reflétait même une certaine satisfaction. Un léger sourire errait sur ses lèvres, et dans la lumière de son regard si pénétrant on pouvait même discerner quelque malice. Bientôt, il murmura, comme s'il se parlait à lui-même :

« Je n'ai encore rien trouvé d'intéressant, mais une chose dont je suis sûr, c'est que le *Tueur de femmes* est un grand chimiste et les grands chimistes ne sont pas si nombreux que... »

Il s'arrêta...

« Mauvaise méthode... fit-il, que celle qui se base sur un principe d'élimination. D'abord, on perd du temps ; ensuite, on risque de s'égarer sur une fausse piste... Alors ?...

Cette fois, presque aussitôt, il prononça ces paroles incompréhensibles pour tout autre que lui :

— La Chaîne... parbleu ! Il n'y a encore que cela de vrai...

Le roi des détectives venait certainement de découvrir quelque heureux indice.

En effet, il semblait plus content... Et, saisissant son téléphone, il demanda un numéro : c'était celui de M. Auguste Barrois.

IV

OU CHANTECOQ ENTRE EN CAMPAGNE

Dans un très grand bureau de style Empire, aux meubles en acajou et aux incrustations de cuivre, aux tentures lourdes et sombres, deux hommes étaient réunis : l'un, assis devant une table de travail dont les pieds dorés représentaient des chimères, un homme d'une soixantaine d'années, à la barbe grise, taillée en éventail telle qu'en portaient avant la guerre les riches agents de change, les grands financiers et les puissants industriels.

Une grande et réelle douleur était empreinte sur son visage et il était aisé de deviner qu'une subite et terrible catastrophe s'était abattue sur lui, sans pourtant faire fléchir ses larges épaules et atténuer l'éclat de son regard.

Ce personnage n'était autre que M. Auguste Barrois, père et beau-père de Jacques et de Marie-Louise.

S'adressant à Chantecoq, qui était assis en face de lui, de l'autre côté de la table, il lui disait :

— Monsieur, je ne saurais vous exprimer à quel point je vous suis reconnaissant de n'avoir pas hésité un seul instant à me mettre au courant de la vérité, si épouvantable soit-elle.

« La prétendue culpabilité de ma belle-fille m'avait, en effet, à la fois stupéfié et bouleversé. J'avais eu, je puis vous le dire, le pressentiment qu'il y avait dans toute cette histoire des dessous mystérieux tels, que mon fils pouvait très bien avoir été l'objet ou plutôt la victime d'une lamentable erreur.

« Vous venez de me démontrer que je ne me trompais pas en raisonnant ainsi. Je vous en remercie infiniment. Maintenant, pour moi, ce n'est pas une coupable, c'est une innocente que mon fils va pleurer.

« Certes, ce n'est qu'une bien faible consolation à l'atroce douleur qui l'étreint ; mais, au moins, lui sera-t-il permis de se rendre sur la tombe de la disparue pour lui verser toutes les larmes qu'il lui doit et pourra-t-il garder en lui le fervent et pur souvenir de celle qui, après avoir été indignement calomniée, aura été lâchement assassinée.

Chantecoq reprenait :

— Monsieur Barrois, en agissant ainsi, je n'ai fait que mon devoir.

L'industriel émettait :

— Selon vous, le meurtrier de Marie-Louise est bien, n'est-ce pas, le bandit invisible qu'on appelle le *Tueur de femmes*?

Chantecoq déclarait :

— Il ne saurait y avoir aucune hésitation à ce sujet.

— Il est extraordinaire, reprenait M. Barrois, que la police n'ait pas réussi encore à percer son identité et à mettre fin à la série de ses sinistres exploits.

— Il ne faut pas trop accuser la police, déclarait le roi des détectives. Cette affaire est tellement compliquée et elle intéresse l'honneur de tant de familles que la situation de ceux qu'on a lancés aux trousses de ce véritable vampire est extrêmement délicate.

M. Barrois s'écriait :

LE TUEUR DE FEMMES

— Et si je vous proposais, monsieur Chantecoq, de vous mettre à la recherche de l'assassin de ma pauvre belle-fille, que me répondriez-vous ?

— Je vous répondrais, monsieur, ripostait sans la moindre hésitation le célèbre limier, oui, je vous répondrais que je suis déjà parti en chasse contre lui, et cela de ma propre initiative ; car j'estime qu'il est temps d'en finir avec ce gredin ou ce fou ; et si je vous ai téléphoné pour vous demander un rendez-vous, ce n'était pas seulement pour vous apporter la preuve de l'innocence de Mme Jacques Barrois, mais aussi pour vous demander quelques renseignements, qui peuvent m'être très utiles au cours de l'enquête que je viens de commencer.

Le métallurgiste répliquait :

— Vous pouvez m'interroger, monsieur Chantecoq. Je vous dirai tout ce que je sais, c'est-à-dire peu de chose, trop heureux si je puis vous être utile.

Avec cette netteté qui le caractérisait, l'habile limier reprenait :

— Ce matin, M. Maurice Barrois, votre fils, m'a raconté que son frère avait reçu plusieurs lettres anonymes lui affirmant que sa femme était la maîtresse d'un nommé Gomez Stardo.

— Le fait est exact, reconnaissait M. Barrois.

— Pourriez-vous me dire, insistait Chantecoq, si ces lettres sont entre les mains de M. votre fils ?

— Non, répliquait M. Barrois.

Chantecoq esquissa une moue significative.

M. Barrois s'empressait de reprendre :

— Rassurez-vous, cher monsieur, ces lettres existent toujours ; mon fils me les avait communiquées, afin que j'en prisse connaissance et elles sont là, dans le tiroir de ma table.

— Serait-il indiscret, demandait le roi des détectives, de vous prier de m'en remettre une, une seule et de me permettre de la conserver pendant quarante-huit heures ?

— Pas du tout, répondait le métallurgiste, qui ouvrit le tiroir de sa table, y prit plusieurs lettres et, les tendant à Chantecoq, lui dit :

— Vous pouvez les lire toutes et choisir celle qui vous conviendra le mieux.

Chantecoq s'empara des messages et en prit connaissance.

Il y en avait cinq qui se suivaient jour par jour, observant une gradation perfide.

Lisons par-dessus l'épaule du grand limier.

Première lettre :

« Monsieur, j'ai l'honneur et le regret de
« vous prévenir que votre femme vous
« trompe

        « Un ami inconnu. »

Deuxième lettre :

« Monsieur, j'ai l'honneur de vous infor-
« mer que votre femme vous trompe avec
« un jeune drôle nommé Gomez Stardo.

        « Un ami sincère. »

Troisième lettre :

« J'ai l'honneur de vous informer que
« votre femme vous trompe avec un nommé

« Gomez Stardo et qu'elle lui a. remis tout
« dernièrement une somme de cinq mille
« francs qu'il s'est empressé de dissiper au
« jeu. »

Quatrième lettre :

« J'ai l'honneur de vous informer que
« votre femme vous trompe avec un nommé
« Gomez Stardo et qu'elle lui a remis derniè-
« rement de nouveau une somme de cinq
« mille francs qu'il s'est empressé de dissi-
« per au jeu. J'ajouterai que le sieur
« Stardo, qui est un fieffé coquin, menace
« Mme Barrois de vous faire parvenir cer-
« taines lettres qu'elle a eu l'imprudence de
« lui écrire, si elle ne lui remet pas une
« somme de dix mille francs.

« Quelqu'un qui vous veut du bien. »

Cinquième lettre :

« J'ai l'honneur de vous informer que
« votre femme vous trompe avec un Gomez
« Stardo et qu'elle lui a remis dernièrement
« pour la troisième fois une somme de cinq
« mille francs qu'il s'est empressé de dissi-
« per au jeu. J'ajouterai que le sieur Stardo,
« qui est un fieffé coquin, menace Mme Bar-
« rois de vous remettre certaines lettres
« qu'elle a eu l'imprudence de lui écrire, si
« elle ne lui remet pas une somme de dix
« mille francs. Je tiens en outre à vous pré-
« venir que, terrorisée par ces menaces,
« votre femme a donné rendez-vous demain
« matin chez elle, à neuf heures et demie, à
« cet ignoble individu, Mme Barrois sachant,

« en effet, que vous devez prendre le train
« vers huit heures, à destination de Lille.

« Quelqu'un qui ne veut pas que l'on
« bafoue votre honneur. »

Chantecoq, sa lecture terminée, reprenait :

— C'est infiniment curieux. Lorsqu'on est
doué de quelques notions de graphologie et
qu'on examine de près ces lettres, on s'aper-
çoit assez facilement qu'il y en a deux, la
seconde et la dernière, qui ne sont pas de la
même écriture.

« Je vais donc vous demander, cher monsieur, si toutefois vous n'y voyez pas d'in-
convénient, l'autorisation d'emporter toute
cette répugnante correspondance.

— Si j'ai bien compris vos intentions,
reprenait le maître de . forges, vous allez
probablement chercher, grâce à ces deux
écritures différentes, à identifier les deux
personnes qui les ont tracées.

— Monsieur Barrois, répliquait Chantecoq, sur un ton d'urbanité charmante, voulez-vous me permettre de vous rappeler que,
lorsque vous m'avez prié, autrefois, de vous
rapporter des titres qui vous avaient été
volés, la seule condition que j'ai mise à
accepter cette mission, c'était que vous ne
poseriez pas la moindre question au cours
de mon enquête.

— Je m'en souviens, répondait le métallurgiste, et veuillez m'excuser si je ne me le
suis pas rappelé plus tôt.

— Oh ! monsieur Barrois, je vous comprends très bien : c'est à moi de vous demander pardon de me montrer si intransi-

geant sur ce principe, qui est une des bases de mon action policière.

« En effet, une question en appelle forcément une autre et, si on a le malheur de glisser sur cette pente, non seulement on perd un temps considérable en palabres inutiles, mais on risque fort de perdre le fil de ses idées et de s'aventurer sur de mauvaises routes.

— C'est tout à fait bien raisonné, approuvait le père de Maurice et de Jacques. Emportez donc ces lettres ; faites-en l'usage qui vous plaira et gardez-les tout le temps qui vous sera nécessaire.

— J'ai dit quarante-huit heures, répétait l'illustre limier. Il se pourrait fort bien que je vous les rapportasse plus tôt.

— Inutile de vous dire, reprenait l'industriel, combien je suis de cœur avec vous.

— J'en suis persuadé et peut-être qu'au cours de cette enquête aurais-je encore l'occasion de vous rencontrer et de vous demander de nouveaux renseignements.

— Je suis et serai toujours à votre entière disposition.

Chantecoq se levait, mais M. Barrois le retint d'un signe.

— Monsieur Chantecoq, fit-il, bien que je sois résolu, ainsi que vous me l'avez demandé, à ne plus vous poser de questions, je suis tout de même obligé de vous demander quelle doit être mon attitude vis-à-vis de mon fils Jacques.

« Faut-il lui laisser croire que sa femme est coupable, ou faut-il, au contraire, lui révéler la vérité ?

Chantecoq réfléchit pendant quelques secondes, puis il dit :

— Il faut lui révéler la vérité ; car cela serait vraiment une cruauté inutile que de lui marchander cette consolation, si faible soit-elle, et surtout de laisser porter atteinte plus longtemps à la mémoire d'une honnête femme.

— Il me vient une crainte, exprimait M. Barrois.

— Laquelle ?

— C'est que mon fils se figure que nous avons inventé de toutes pièces une histoire, afin de diminuer sa peine.

— C'est possible, en effet, admettait le policier privé. En ce cas, il serait préférable d'attendre que j'aie retrouvé ce Gomez Stardo, c'est-à-dire le frère de Mme Jacques Barrois.

« Ceci serait une preuve évidente que nous avons dit la vérité.

— Oui, mais comment le retrouver ? questionnait le métallurgiste.

— C'est mon affaire, répliquait Chantecoq. Je puis, dès à présent, vous déclarer que c'est une besogne des plus faciles.

A peine avait-il prononcé ces mots que l'on frappait à la porte.

C'était le valet de chambre de M. Barrois, qui lui apportait une lettre sur un plateau.

L'industriel s'empara du message et dit à Chantecoq :

— Vous permettez, monsieur ?

— Je vous en prie, répliquait le roi des détectives.

M. Barrois décacheta l'enveloppe. Elle contenait un papier plié en quatre, qu'il développa et voici ce qu'il lut :

« Monsieur,

« Je suis le frère de Mme Jacques Barrois,
« dont j'apprends à l'instant la mort.

« Je suis à même de vous donner à ce
« sujet quelques éclaircissements qu'il est
« indispensable que vous connaissiez.

« Veuillez agréer, monsieur, l'expression
de mes sentiments respectueux.

« Vicomte Albert de BEAUREVOIR. »

Sans dire un mot, M. Barrois passa à
Chantecoq la lettre qu'il venait de lire. Le
limier en prit connaissance. Le métallurgiste fit :

— Qu'en pensez-vous ?

— C'est très intéressant, déclarait Chantecoq.

— Etes-vous d'avis que l'on reçoive ce
jeune homme ?

— Certes...

— Eh bien ! je vais l'écouter...

— En ce cas, monsieur, formulait le policier privé, je vous demanderai la permission d'assister à cet entretien, sans toutefois
que le visiteur se doute de ma présence.

— Rien de plus facile, déclarait le père
de Jacques.

Et, se levant, il s'en fut soulever une tenture qui masquait une porte donnant dans
un arrière-cabinet qui formait bibliothèque.

Puis il dit à Chantecoq :

— Vous n'aurez qu'à vous asseoir derrière ce rideau et écouter.

— Parfait, approuvait le détective, qui
s'empara d'une chaise, la rapprocha de la
tenture et s'y installa.

M. Barrois retourna dans son bureau et
dit à son valet de chambre :

— Faites entrer ce monsieur.

L'industriel se réinstalla devant sa table,
se demandant ce que ce jeune homme allait
bien lui raconter.

Quelques secondes après, le vicomte de
Beaurevoir apparaissait... Barrois se leva.

D'un geste assez distant et d'un air qui
n'était pas précisément empreint de bienveillance, l'industriel l'invita à prendre
place sur le siège que Chantecoq venait de
quitter...

Le frère de Marie-Louise, qui, sous ses
allures inquiétantes d'élégant dévoyé, con-
servait une certaine distinction naturelle
qui le rendait plus redoutable encore, attaquait, d'un ton que l'on sentait plus que
sincèrement attristé, mais profondément
douloureux :

— Monsieur, je tiens à vous remercier
tout d'abord d'avoir consenti à me recevoir
dès que je vous en ai prié... Au moment où
je me disposais à vous apporter la preuve
indiscutable que M. votre fils avait été victime d'une lamentable erreur, j'ai appris
brutalement que ma sœur était morte subitement... dans la rue.

« Je n'ai pas besoin de vous dire combien
j'en suis peiné. Marie-Louise avait agi envers moi avec tant d'affection, de bonté et
de noblesse... Après m'avoir arraché à
l'existence abominable que je menais et
m'avoir fait rentrer dans le bon chemin,
elle venait de m'annoncer qu'elle avait
trouvé pour moi une situation aussi honorable que lucrative.

« Comme je l'embrassais dans tout l'élan

de ma reconnaissance et de ma tendresse fraternelles, mon beau-frère est entré subitement dans le boudoir où nous nous trouvions.

« Alors, j'ai complètement perdu la tête. Je savais que votre fils, ainsi que vous et tous les vôtres, ignorait mon existence... On me cachait, tant on avait honte de moi, et l'on avait raison... N'étais-je pas un misérable ?

« Alors, au lieu de me nommer et de tout dire, je me suis enfui comme un malfaiteur, comme un lâche, provoquant entre ma sœur et votre fils un atroce malentendu qu'un seul mot de moi eût suffi à dissiper.

« Pris de remords, je revins sur mes pas. J'appris que M. Jacques Barrois était parti de chez lui comme un fou furieux, et que Marie-Louise, dont il n'avait sans doute pas voulu écouter les explications, était sortie, elle aussi, sans dire où elle allait. Je décidai que je reviendrais vers l'heure du déjeuner...

« Personne n'était encore rentré. J'attendis dans la rue jusqu'à une heure, lorsque, tout à coup, une voiture s'arrêta devant l'hôtel particulier de votre fils.

« C'était Marie-Louise qu'on ramenait inanimée... J'interrogeai les personnes qui l'accompagnaient. Elles déclarèrent qu'elles l'avaient trouvée étendue, sans connaissance, sous les arcades de la rue de Rivoli. Elles ont trouvé son adresse dans son sac qu'elle tenait encore dans sa main crispée, et elles l'ont aussitôt transportée chez elle.

« Vite, on a envoyé chercher un médecin. On vous prévenait quelques instants après,

vous accouriez... Vous ne m'avez pas vu... Je m'effaçai discrètement. Je ne suis même pas entré dans la maison. C'est quand je vous ai vu sortir, une demi-heure après, avec le docteur, que j'ai deviné à votre figure bouleversée que ma pauvre sœur était morte.

« Je me suis informé... Hélas ! je ne m'étais pas trompé. Je me suis mis à la recherche de mon beau-frère... Je voulais tout lui dire et surtout lui demander pardon. Car c'est moi qui, involontairement, ai causé la mort de ma sœur, en créant par ma sottise une situation qui lui aura brisé le cœur.

« Je n'ai pas pu joindre votre fils. Alors, monsieur, je suis venu vers vous...

Et la voix étranglée de sanglots, le vicomte de Beaurevoir, murmura simplement :

— Voilà !...

Visiblement ému, M. Barrois répliquait :

— Monsieur, je n'ai ni à vous condamner ni à vous absoudre, je laisse à d'autres le soin d'apprécier le repentir tardif qui vous anime. Je ne puis que souhaiter une chose, c'est que la mort de votre malheureuse sœur achève de vous faire rentrer en vous-même et ne vous empêche pas de redevenir un honnête homme. Veuillez me laisser votre adresse, car je vous demanderai de renouveler vos déclarations à mon fils Jacques, dès qu'il sera en état de vous entendre.

— Je suis prêt, monsieur, répliquait le vicomte de Beaurevoir ; et je demeure tout entier à votre disposition, j'habite, 27, avenue Malakoff, téléphone Passy 63-86.

L'industriel prit note de cette adresse et, se levant, il indiqua ainsi à son interlocuteur que l'entretien était terminé.

Le faux Gomez Stardo le comprit ainsi, car il se garda bien d'insister et, après s'être incliné devant M. Barrois, qui lui rendit son salut avec correction, il quitta le bureau.

Le métallurgiste s'attendait à voir Chantecoq sortir de se cachette ; mais le rideau demeurant obstinément immobile, l'industriel se leva et souleva la tenture.

Chantecoq avait disparu.

Sur la chaise qu'il avait occupée pendant l'entrevue de Barrois et du vicomte de Beaurevoir, une carte-lettre non timbrée était déposée à l'adresse de M. Auguste Barrois. Celui-ci détacha le pointillé et ouvrit le message qui contenait ces simples mots :

« Cher monsieur,

« Excusez-moi de vous fausser compa-
« gnie ; mais j'ai cru indispensable de me
« livrer immédiatement à une enquête que
« je crois capable d'apporter d'utiles résul-
« tats. Un peu de patience, et vous aurez
« bientôt de mes nouvelles.

« Tous mes sentiments les plus distin-
« gués.

« CHANTECOQ. »

M. Barrois demeura un instant intrigué par cette missive, à la signification plutôt énigmatique ; puis, il se prit à murmurer :

« Je crois que Chantecoq est fort capable de découvrir l'assassin de ma belle-fille, mais, hélas ! cela ne lui rendra pas la vie. »

V

OU CHANTECOQ TROUVE QUE SON FLAIR EST DE TAILLE A RIVALISER VICTORIEUSEMENT AVEC LE DIAGNOSTIC D'UN MÉDECIN DE L'ÉTAT CIVIL

Pour quelles raisons subites Chantecoq avait-il joué ainsi la fille de l'air ?

Lui seul eût pu nous le dire ; mais comme nous savons qu'il détestait être interrogé, nous nous garderons bien de lui poser la question.

Contentons-nous de le suivre et d'être les témoins passifs de ses faits et gestes, qui, espérons-le du moins, attireront et retiendront l'attention de nos lectrices et de nos lecteurs.

Après avoir quitté l'hôtel de M. Barrois. le roi des détectives était monté dans sa Talbot 6-cylindres qu'il avait laissée le long du trottoir et, prenant le volant, il s'était rendu au domicile particulier de M. et Mme Jacques Barrois.

Ceux-ci habitaient un très joli hôtel particulier, situé rue Raynouard.

Chantecoq sonna à la porte.

Une femme de chambre, l'air éploré, s'en vint lui ouvrir.

Immédiatement, il déclara à la camériste, avec l'aplomb imperturbable qui le caractérisait :

— Je suis le commissaire de police et comme Mme Barrois est morte sur la voie publique, je viens pour les constatations légales.

La jeune servante, très intimidée par le

titre que Chantecoq s'était bénévolement octroyé, s'avança et fit :

— Monsieur le commissaire, donnez-vous la peine d'entrer. Je vais vous conduire auprès de cette pauvre Madame.

Elle le fit pénétrer dans une chambre, située au premier étage et où M™ᵉ Barrois gisait étendue sur le lit, toute blanche, parmi les quelques roses que l'on avait semées à la hâte autour d'elle. Sur une table de nuit, un christ entre deux lumières, et c'était tout.

La femme de chambre voulant s'excuser du manque d'apparat :

— Monsieur n'est pas encore rentré, fit-elle. Nous avons fait de notre mieux.

Sans paraître accorder la moindre importance à ces paroles, Chantecoq s'approcha de la morte et la considéra pendant un certain temps.

Bientôt une lueur étrange s'alluma dans son regard, et, se retournant vers la camériste qui n'avait pas bougé de place, il fit :

— Est-ce que le médecin de l'état civil est venu constater le décès ?

— Oui, monsieur le commissaire.

— Il y a longtemps ?

— A peine dix minutes.

— Qu'a-t-il dit ?

— Rien. Il a seulement signé une feuille.

— Le permis d'inhumer.

— Oui, c'est cela ; nous n'attendons plus que le retour de Monsieur pour téléphoner aux pompes funèbres de venir.

— Bien, fit le faux commissaire, qui, de nouveau, se mit à contempler le cadavre de Marie-Louis.

Sans prononcer un mot, il se retira, accompagné par la soubrette jusqu'à la porte ; il remonta dans son auto, redescendit dans Paris, et, après avoir suivi les quais jusqu'à la hauteur du pont des Saints-Pères, il tourna à droite, traversa le pont, longea la rive gauche jusqu'à la hauteur de la rue Bonaparte et s'arrêta à la hauteur d'un vieil immeuble du dix-huitième siècle, dont les balcons en fer forgé rappelaient la magnificence désuète et effritée.

Descendant de sa voiture, il s'engagea sous une porte cochère ; puis, il se dirigea vers un escalier de pierre, qui avait conservé sa rampe délicatement ouvragée et gravit ainsi deux étages.

Il s'arrêta devant une porte sur laquelle était fixée une carte ainsi libellée :

Professeur Pierre Courtil

Il tira sur un cordon de sonnette effiloché. Un son fêlé retentit à l'intérieur de l'appartement ; puis, ce fut un bruit de savates que l'on traîne sur le plancher. La porte s'entrebâilla lentement avec précaution et laissa apparaître la tête classique et nettement caractéristique d'une vieille bonne à tout faire, qui, une grosse paire de lunettes sur le nez et deux aiguilles à tricoter enfoncées dans les cheveux grisonnants et rebelles à toutes les coiffures, demanda, en criant comme une sourde qu'elle était :

Chantecoq, qui avait compris instantanément qu'il avait affaire à une personne dite « dure d'oreille », répliqua d'une voix claironnante :

— Qu'est-ce que vous désirez ?

— Je voudrais parler à M. le professeur Courtil !...

La vieille bonne, déjà pleine de sympathie pour son interlocuteur, qui, du premier coup, se faisait aussi nettement entendre, répliqua :

— M. le professeur est absent... Oh ! pas pour longtemps... Il est allé faire sa petite promenade habituelle au Luxembourg... Mais il ne va pas tarder à rentrer. Car il est réglé comme une pendule...

Sans donner à Chantecoq le temps de respirer, la servante, qui répondait au nom un peu spécial de Scholastique, poursuivait avec amabilité !

— Donnez-vous la peine d'entrer. Vous allez pouvoir attendre M. le professeur au salon... à moins que vous ne soyez trop pressé ou que vous n'ayez une course a faire dans le quartier...

Le roi des détectives, qui, par ses manières affables autant que par sa voix sonore et sa parfaite diction, avait achevé de faire la conquête de Scholastique, reprenait :

— J'ai tout mon temps...

— Alors... veuillez me suivre...

De l'antichambre, dont les murs disparaissaient entièrement du plancher au plafond sous des étagères chargées d'une double rangée de livres de tous les formats et de toutes les reliures, Chantecoq passa dans une vaste pièce, qui formait, elle aussi, une véritable bibliothèque, dont chaque bouquin était soigneusement étiqueté.

Sans doute, l'avait-on dénommé salon, parce qu'elle était meublée d'une grande table ronde, au pied en acajou massif et au marbre lourd, épais, puis de quelques fauteuils d'un Louis-Philippe très accusé, et recouverts de tapisseries aux tons passés, ouvrage d'une aïeule modestement laborieuse, qui avait dû y consacrer de nombreuses veillées et avancer considérablement le moment où les yeux fatigués réclamaient une paire de lunettes...

— Asseyez-vous, monsieur, invitait aimablement la servante...

« Qui devrai-je annoncer à M. le professeur ?

— Monsieur Chantecoq ! fit simplement le célèbre limier.

A ce nom, la sourde eut un cri de surprise et, levant ses bras en l'air, elle martela :

— Comment, c'est vous, le grand policier !...

— Eh ! oui, c'est moi !...

— Ah ! par exemple ! s'exclamait Scholastique, je ne me serais jamais douté que vous étiez Chantecoq... Je croyais même que vous n'aviez jamais existé et que toutes les histoires que les journaux racontaient sur vous n'étaient que des « bobards », inventés pour amuser les lecteurs...

— Eh bien ! vous vous trompiez, ma bonne dame, souriait le détective.

« Chantecoq n'est pas un personnage fictif, imaginé par les journalistes en mal de copie. Il est bel et bien vivant... Le voici devant vous, en chair et en os, comme on dit au cinéma.

Comme la vieille bonne, pétrifiée de stupéfaction, demeurait devant lui, les bras ballants et bouche bée, le roi des détectives demanda :

— Pensez-vous que le professeur Courtil voudra bien me recevoir ?

— J'en suis sûr, affirmait Scholastique. Il

a pour principe de recevoir tout le monde, et il en vient ici du monde... et de toute sorte... Tout à l'heure, vous verrez... il y aura du monde plein le salon, la salle à manger et l'antichambre.

« Des fois, il y en a qui attendent sur le palier et dans l'escalier.

« C'est un si grand savant !

« S'il l'avait voulu, il y a longtemps qu'il serait riche et millionnaire, mais l'argent, il s'en moque...

« Il a quelques petites rentes qui lui suffisent pour vivre. Il n'a pas de besoins... La science, comme il le dit souvent, c'est son seul but, « sa seule » amour !

« Il y en a qui prétendent qu'il est « piqué » ; moi, je dis que ce n'est pas vrai... C'est un homme qui n'est pas comme les autres, je le reconnais, mais tout simplement parce qu'il est meilleur et plus savant...

« Asseyez-vous donc, monsieur Chantecoq. Excusez-moi de vous quitter ; mais il faut que j'aille mettre un peu d'ordre dans le bureau de M. le professeur.

« Il y a des livres sur tous les sièges, et je me demande où, tout à l'heure, il fera asseoir ses clients...

« Rassurez-vous, vous êtes arrivé le premier, vous serez reçu le premier... Ici, il n'y a pas de passe-droit...

— Je vous remercie, ma bonne dame !

— Oh ! vous pouvez dire Scholastique.

Et Scholastique s'en fut, se retourna avant de franchir le seuil, afin de contempler le fameux Chantecoq qu'elle avait pris jusqu'alors si naïvement pour un héros imaginé par un romancier feuilletoniste.

Enfin... elle disparut, plus troublée que si elle venait de se trouver en face d'un roi ou même d'un simple président de la République.

Au lieu de s'asseoir, ainsi que l'en avait prié sa prévenante interlocutrice, le roi des détectives s'approcha de l'une des étagères, surchargée d'une double rangée de livres, et il se mit à inspecter les titres, qui, exclusivement, étaient ceux d'œuvres scientifiques.

Profitons-en pour expliquer le plus brièvement possible ce qu'était ce professeur Courtil, qui est appelé, d'ailleurs, à jouer un **rôle** important dans cette histoire.

Après de très brillantes études à la Faculté de médecine de Paris, Pierre Courtil, qui était le fils d'un honorable médecin de quartier parisien, avait été interne des hôpitaux. Ses ambitions ne s'arrêtèrent pas là. Bientôt, il était reçu premier au concours de l'agrégation et nommé professeur de biologie à la Faculté de Nancy. Là, il épousait une des plus jolies et des plus riches jeunes filles de la ville qu'il avait conquise plus encore par sa haute valeur morale et sa grande culture que par ses avantages extérieurs, qui ne dépassaient pas ce qu'on est convenu d'appeler une honorable moyenne.

La dot considérable de sa femme lui permit de se livrer aux études vers lesquelles il se sentait tout particulièrement attiré et qui avaient pour base les rapports de la chimie et de la médecine.

Sans nier l'utilité de certaines méthodes thérapeutiques et l'efficacité de certains remèdes, Pierre Courtil était de ceux qui considèrent que la médecine moderne, malgré les réels progrès accomplis, est loin de s'être débarrassée entièrement de cet empirisme qui a été, pendant de si longs siècles, et est encore trop souvent de nos jours la base d'une science, dont le but ne devrait pas être seulement de soigner, mais encore et surtout de guérir...

Son grand principe était :

— Seule la vie peut prolonger la vie.

Partant de ce principe, le mystère de l'existence ne lui apparaissait plus comme une énigme indéchiffrable, et, dans une communication qu'il avait adressée non pas à l'Académie de médecine, mais à l'Académie des sciences, il avait osé émettre cette proposition :

— Il n'y a pas d'infini !

Et, seul, l'insuffisant développement de de l'intelligence humaine lui a fait concevoir qu'il n'y avait ni limites, ni commencement, ni fin.

Cette théorie avait provoqué non seulement dans les journaux spéciaux, mais aussi dans toute la presse mondiale d'âpres et palpitantes controverses.

Du jour au lendemain, le petit professeur de la Faculté de Nancy avait été célèbre...

Cela ne plut guère aux pontifes de l'art médical, qui, ainsi que tous les autres grands manitous n'aiment guère encourager les idées nouvelles et les tentatives hardies.

On fit une guerre sourde et hypocrite au novateur. On employa contre lui des procédés tellement écœurants que, malgré l'attachement qu'il portait à ses élèves et l'admiration qu'il avait inspirée à ces derniers, il donna sa démission et s'en vint s'installer à Paris où il fonda un laboratoire dans lequel il put se livrer en toute indépendance à ses recherches.

Il vécut ainsi dans l'isolement et dans le silence pendant plusieurs années, évitant avec soin de faire parler de lui et attendant patiemment son heure, c'est-à-dire celle où ses efforts étant couronnés de succès, il pourrait lancer à la tête de la science officielle la nouvelle d'une découverte sensationnelle entre toutes et destinée à bouleverser toutes les données de la science médicale, c'est-à-dire la prolongation de l'existence humaine non plus grâce à des médicaments d'une valeur plus ou moins heureuse et trop souvent nocive, mais d'un traitement nouveau, basé sur la nature même de l'existence humaine et sur l'application à l'homme de toutes les ressources de ce qu'on est convenu d'appeler la vie animale, végétative et minérale.

Ce grand savant, que la plupart de ses confrères voulaient faire passer pour un charlatan ou pour un fou, était en réalité un homme de génie dans toute l'acception du mot, et, ce qui est plus beau encore, il était essentiellement désintéressé.

D'ailleurs, le bonheur qu'il avait tant désiré, il le possédait dans toute son intégrité. Il avait près de lui une compagne, qui ne se contentait pas de demeurer divinement belle, mais qui était encore douée d'une intelligence remarquable, d'une sensibilité profonde, et d'une bonté qui semblait sans limite, et puis, il pouvait travailler sans avoir le souci des nécessités et des contingences extérieures.

Il poursuivait sa route dans l'atmosphère adorable d'une harmonie parfaite et uniquement préoccupé d'un idéal qu'il était convaincu d'atteindre. Car, sans être orgueilleux, il pouvait puiser en lui-même la certitude d'être vainqueur et il en attendait l'heure, sans fiel et sans impatience.

Elle allait sonner.

Il était sur le point, en effet, de se dire :

« Cette fois, je puis parler ; je puis divulguer au monde entier mon secret, sans crainte d'erreur ; je puis tenir tête à toutes les critiques envieuses, à toutes lees manœuvres malhonnêtes, à toutes les attaques méchantes dont je vais être l'objet, car j'ai trouvé... oui, j'ai trouvé ! »

Lorsqu'un événement, aussi effroyable qu'inattendu, bouleversa son existence. Un soir, en rentrant chez lui, on lui annonça que sa femme qu'il avait quittée le matin très bien portante avait succombé subitement, le soir, vers dix-sept heures, en rentrant de prendre le thé avec une amie.

Ce décès fut attribué à une rupture d'anévrisme, provoqué par une ulcération d'estomac que l'on croyait guérie. Le désespoir du professeur fut immense.

Pendant plusieurs années, il disparut. Nul, même parmi ses rares intimes, ne parvint à découvrir sa retraite.

On prétendit qu'il était allé s'enfermer à la Trappe, lorsqu'un jour très vieilli, complètement transformé, le visage imberbe, les traits amaigris et les yeux toujours illuminés par la flamme de son génie, il revint à Paris et s'installa, rue Bonaparte, dans cet appartement que nous venons avec Chantecoq de visiter en partie.

Alors, il se remit à travailler.

Bientôt, on lui attribua des guérisons miraculeuses ; on racontait même que, s'étant rendu à plusieurs reprises au chevet de moribonds, il avait réussi non seulement à éloigner d'eux la mort imminente, mais à leur faire contracter un nouveau bail avec l'existence. On l'avait surnommé le *sorcier*. Ses confrères et non les moins illustres commencèrent à s'inquiéter de ses succès, qui menaçaient de se transformer bientôt en triomphe. Comme ils ne pouvaient l'accuser d'exercer illégalement la médecine, ni de l'empêcher de se rendre auprès des malades qui le réclamaient, ils se contentèrent de le faire passer pour fou et de mettre en garde les familles contre ce maniaque dangereux, dont les cures miraculeuses ne pouvaient être attribuées qu'à un heureux hasard ou un brusque sursaut de la nature.

Le professeur Courtil ne daigna même pas répondre à ces insinuations perfides autant que mensongères.

Chaque fois qu'on lui demandait son assistance il l'accordait, mais uniquement aux pauvres gens, à ceux qui ne pouvaient pas payer et principalement aux êtres dont l'existence était utile aux autres, accomplissant ainsi gratuitement une sorte de sacerdoce.

Tel était l'homme, qu'un chagrin que l'expression de son visage révélait inconsolable et dont la douleur avait fait une sorte de personnage mystérieux, vite auréolé d'une légende qui contribuait encore à son influence sur les petites gens.

Pourquoi Chantecoq s'était-il rendu auprès de lui ? Nous allons le savoir immédiatement.

En effet, au bout d'une attente qui dura à peine cinq minutes, la porte du salon s'ouvrait et le professeur Courtil, se dressant sur le seuil, disait d'une voix grave et bien timbrée au roi des détectives :

— Veuillez entrer, monsieur, et soyez le bienvenu.

D'un rapide coup d'œil, le limier examina le savant qu'il voyait pour la première fois. C'était un homme de haute stature, vêtu de noir, très émacié, à la bouche bien dessinée, au regard vibrant de lumière, au front large, élevé, dégarni, qu'entourait une couronne de cheveux grisonnants dont l'extrémité venait frôler le col de sa redingote.

Chantecoq, à qui rien n'échappait, remarqua aussitôt qu'il avait des mains et des pieds d'une petitesse exagérée et que ses attaches étaient d'une finesse qu'eût enviée bien des femmes. Il le suivit dans une pièce qui, ainsi que l'antichambre et le salon, et plus encore peut-être, était remplie de livres dont quelques-uns gisaient par terre et dont d'autres s'accumulaient sur une cheminée, en piles tellement hautes, que l'on se demandait comment elles ne finissaient pas par s'écrouler.

Le maître indiqua un siège à Chantecoq et s'en fut s'asseoir devant une petite table en bois noir, qui ressemblait à celle d'un notaire d'un chef-lieu de canton.

Toujours de sa belle voix harmonieuse, le professeur Courtil reprit :

— Monsieur Chantecoq, j'ai beaucoup entendu parler de vous et je suis au courant de tous les services que vous avez rendus à la société.

« Je sais aussi que vous êtes un très honnête homme et que vous honorez grandement une profession que d'autres ont trop souvent rendue méprisable. Je me doute que vous venez me demander un service. Je suis tout disposé à vous donner satisfaction si, toutefois, la chose est possible. Je ne vous cacherai pas, qu'avant de vous connaître, vous m'étiez déjà très sympathique.

« J'ajouterai, que maintenant que je vous ai vu, vous l'êtes encore davantage.

Chantecoq, enchanté de l'accueil que lui réservait celui qu'on appelait le *sorcier*, répliquait aussitôt avec déférence :

— Mon cher maître, je suis très touché de l'accueil que vous voulez bien me réserver. Je viens, en effet, vous demander un grand service.

— Parlez, invitait M. Courtil ; je vous écoute avec la plus grande attention.

Le roi des détectives développa :

— Vous avez certainement entendu parler des méfaits de ce bandit mystérieux que l'on appelle le *Tueur de femmes ?*

— En effet, répliquait le savant, j'ai lu cela dans les journaux et je vous avouerai franchement que je n'y aurais pas ajouté une très grande importance si, tout à l'heure, je n'avais pas été le témoin d'une scène extrêmement pénible et qui, je ne vous le cache pas, m'a vivement impressionné...

« Ainsi que chaque jour, je me promenais sous les ombrages du Luxembourg et j'admirais un tableau vraiment délicieux, composé d'une jeune mère, extrêmement jolie, qui jouait au ballon avec deux babies de six et cinq ans, le frère et la sœur, qui se ressemblaient beaucoup et avaient tous les deux les mêmes yeux et le même sourire que leur maman.

« Tout à coup, un des petits, ayant maladroitement envoyé son ballon dans une plate-bande, sa maman, avec le manche de son ombrelle, s'apprêtait à le ramener dans l'allée, lorsqu'elle s'écroula sur le sol.

« J'étais tout près d'elle ; je me précipitais pour la relever. Elle était morte.

« Les gardiens s'approchèrent aussitôt et l'un d'eux me dit :

« — C'est encore un crime du *Tueur de femmes*.

« Un autre ajouta :

« — C'est la troisième que nous ramassons depuis huit jours dans le jardin.

Le professeur ajouta :

— Cher monsieur Chantecoq, si vous êtes venu me demander des renseignements au sujet de cette affaire, en voici. Mais je m'empresserai d'ajouter que je suis dans l'incapacité absolue de vous en fournir d'autres.

— Oui, acquiesçait Chantecoq, c'est entendu, mon cher maître, mais j'ai, moi, la conviction que vous pouvez m'aider beaucoup à découvrir ce misérable.

— Comment cela ?

— Je vais vous le dire. Mais, auparavant, puis-je vous demander, en principe, si je dois compter sur votre concours.

— Certainement, répliquait le professeur Courtil, sans la moindre hésitation.

« Croyez que je serais trop heureux de vous aider dans une œuvre d'assainissement sociale et surtout si je puis vous apporter quelques lumières.

« Cependant, permettez-moi d'en douter. Je ne suis qu'un savant.

— Un très grand savant, ponctuait le limier.

— Je vous en prie, cher monsieur Chantecoq.

« Ce que je voulais vous dire, c'est que je n'ai jamais songé un seul instant à me mêler à des affaires policières et je me demande comment un homme de science pure, intégrale, tel que moi, peut être utile à celui que l'on a si justement surnommé le roi des détectives.

— Mon cher maître, reprenait le limier, avec un sourire plein de finesse, permettez-moi de vous dire qu'avec tous les respects que je vous dois, vous commettez là une légère erreur et, quand je dis une légère erreur, c'est pour ne point vous offusquer.

« A mon humble avis, elle est, en effet, considérable, et j'estime que la science moderne, au contraire, est appelée à être une si précieuse collaboratrice, une auxiliaire si puissante de la police que, bientôt, celle-ci ne pourra plus s'en passer.

— J'admets, en effet, reprenait le savant, que toutes ces découvertes qui, de jour en jour, se multiplient avec une déconcertante rapidité, sont appelées, évidemment, à vous aider considérablement dans votre état si difficile.

— Vous pouvez même dire, faisait observer Chantecoq, que, déjà, grâce à elles, nous avons pu remporter des victoires qui, il y a quelques années, nous eussent infailliblement échappé.

« Je ne parle pas seulement de la merveilleuse invention de Bertillon, qui est aujourd'hui une des bases les plus importantes de notre système policier, ni de l'automobilisme, de la télégraphie, de la T. S. F., etc., etc. ; mais je ne veux faire qu'une très brève allusion aux concours si remarquables, si dévoués, éclairés que nous apportent nos médecins légistes.

« Je voudrais simplement m'arrêter avec vous sur un point qui me préoccupe d'une façon toute particulière et que, seul, étant donné vos magnifiques travaux que j'ai suivis depuis longtemps déjà avec une grande admiration, vous pouvez m'aider à élucider de la façon la plus complète.

— Alors, faisait le professeur Courtil, vous, au moins, vous ne me traitez pas de sorcier ?

— Je vous considère, au contraire, comme un des plus grands cerveaux de l'humanité, et je vous le dis sans aucune espèce d'esprit de flatterie, car je déteste trop les flagorneurs pour en être un moi-même.

« Comme je ne crois pas au miracle, mais au prodige, je ne puis que m'incliner très bas devant ceux que vous avez accomplis et saluer en vous le plus grand et le plus fier méconnu de la science, la victime de la plus ignoble des cabales qu'ait enregistrée l'histoire de la médecine en France.

A ces mots, un pli d'amertume se dessina sur les lèvres du savant et il fit, en hochant tristement la tête :

— Nul n'est jamais prophète en son pays.

— Je crois, scandait Chantecoq, que maintenant nul n'est prophète nulle part. Car en France, aussi bien que parmi les autres nations, on se plaît à exalter les médiocrités au détriment des supériorités.

« On vous permet d'avoir du talent, à la condition qu'il serve les intérêts industriels, commerciaux, financiers, politiques et autres. Mais ce que l'on ne veut pas voir s'élever, c'est le grand homme, celui qui est appelé, tant par la valeur de ses idées que par l'énergie de son caractère, à imposer sa volonté aux autres et atténuer, éteindre à demi par la clarté fulgurante de son génie les pauvres petits lumignons qui se contentent, parce qu'ils ne peuvent pas faire autrement, de jeter leur faible lueur dans la nuit.

— Combien avez-vous raison, monsieur Chantecoq ! s'écriait le professeur Courtil, qui semblait se refuser à l'émotion que les paroles du détective lui inspiraient.

Se raidissant, pour conserver à son visage l'impassibilité dont il semblait vouloir se faire un masque perpétuel, il ajouta :

— Forcément, de nos jours, on en arrive à être indivualiste

« Lorsqu'on est sans cœur, on devient un mufle... Lorsqu'on garde sa sensibilité, on est ce que je suis, presque un martyr ?

Chantecoq appuyait :

— Ce qui ne vous empêche pas, maître, d'être l'un des plus grands philanthropes, que l'on puisse saluer.

— Pourquoi me dites-vous cela ?

— Parce que je sais que, si vous refusez des sommes qui sont presque des fortunes pour soigner des riches, vous n'hésitez jamais à prodiguer vos lumières aux pauvres, aux malheureux qui font appel à vous.

Le savant soupirait :

— Ah ! si je pouvais les soulager, les sauver tous !

— Vous avez déjà obtenu de merveilleux résultats. On affirme même que vous ressuscitez les morts.

A ces mots, le professeur Courtil esquissa un sourire, dans lequel il y avait à la fois un grand scepticisme et beaucoup de bonté.

— Non, monsieur Chantecoq, ceux qui vous ont raconté cela, je ne vous dirai pas qu'ils vous ont menti, car il est fort probable qu'ils étaient de bonne foi... J'affirmerai seulement qu'ils se sont trompés.

« J'ai quelquefois ramené à l'existence des gens que l'on croyait morts, mais qui n'étaient plongés que dans un état léthargique ou cataleptique. Il est certain que j'ai évité ainsi, malgré ce système d'inhumations précipitées, qui est de règle en France et ailleurs, que l'on enterre vivants des malheureux que, de très bonne foi, on croyait à tout jamais rayés du nombre des humains. Et cela, j'en suis très fier.

— Combien je vous comprends ! s'écriait Chantecoq. Et si je suis aujourd'hui près de vous, c'est précisément pour vous demander de ramener à l'existence une femme que les siens croient morte et dont le médecin de l'état civil a constaté le décès.

« Cette femme est riche. Mais, rassurez-vous, elle mérite votre intérêt autant et plus que n'importe quelle indigente.

« En effet, elle est la victime du *Tueur de femmes*. Or, ce que vous ignorez peut-être, mon cher maître, c'est que ce mystérieux bandit s'est toujours attaqué jusqu'ici à des femmes qui avaient trompé leur mari.

— Voilà qui est étrange ! soulignait le savant.

— Une enquête à laquelle je me suis livré, m'en a donné la certitude.

« Or, cette femme, dont je vous parle, est entièrement innocente ; j'en ai également la preuve et je puis vous la fournir sur-le-champ.

— C'est inutile, monsieur Chantecoq, je vous crois sur parole.

— Je suis très touché de votre confiance et, je vous en prie, si, avant de me donner votre réponse, vous estimez nécessaire que je vous apporte tous les renseignements possibles au sujet de cette jeune femme, je suis prêt à vous les donner.

— Je vous répète, encore une fois, que c'est inutile. Mais êtes-vous bien sûr que cette femme soit vivante ?

— Absolument sûr, non, mais j'en ai l'intuition.

« Je ne saurais trop vous préciser comment cette conviction s'est installée en moi.

« C'est plutôt à la suite de beaucoup d'impressions successives et impondérables que de faits réels et indiscutables.

« Vous ne me connaissez pas encore bien, monsieur le professeur, mais, sans vouloir me faire passer à vos yeux pour plus fort que je ne suis, permettez-moi cependant de vous affirmer, et tous ceux qui ont eu affaire à moi vous le confirmeront, que je suis doué d'un flair que je n'oserai pas qualifier d'infaillible, mais qui, cependant, m'a conduit maintes fois, et cela sans le secours d'aucun autre élément, sur le chemin de la vérité.

« Eh bien ! mon cher maître, mon flair me dit que cette femme n'est pas morte.

« Mon flair me dit que le *Tueur de femmes* s'est trompé dans la dose ou dans la nature du poison qu'il a fait absorber ou qu'il a inoculé à cette malheureuse. Et je viens vous demander de bien vouloir vous rendre auprès d'elle et avec moi, pour vous assurer, s'il est possible de la rendre à l'amour d'un mari qu'elle aime tendrement et qui, à l'heure présente, doit savoir, lui aussi, que sa compagne n'a pas cessé de lui être fidèle.

Avant de répondre à l'adjuration si éloquente et persuasive du grand limier, le professeur Courtil réfléchit pendant quelques instants.

Chantecoq attendait impatiemment sa décision.

Jamais encore, peut-être même lorsqu'il poursuivait le fameux *Belphégor* à travers les salles du Louvre ; lorsqu'il cherchait à pénétrer le *Mystère du train bleu ;* lorsqu'il débrouillait l'énigme de la *Maison hantée,* qu'il établissait l'innocence d'un jeune aviateur injustement accusé d'un crime abominable ; lorsqu'il parvenait à arrêter le personnage aussi redoutable que *Zapata* et qu'il mettait fin à la série des sinistres exploits de l'*Ogre amoureux,* etc., etc., oui, jamais encore peut-être il n'avait été plus désireux d'atteindre son but.

Redoutant le caprice de cet homme qui ne pouvait qu'être passablement aigri par toutes les injustices qu'il avait eues à subir de la part de ses confrères et la mise en quarantaine qu'on avait imposée à son génie, il ruminait, dans son cerveau, les nouveaux arguments dont il pourrait se servir au cas où son interlocuteur se déroberait, lorsque celui-ci reprit de sa voix grave et naturellement douloureuse :

— Le nom de cette jeune femme ?

— Mme Marie-Louise Barrois.

— Son âge ?

— Vingt-trois ans.

— Brune ou blonde ?

— Blonde.

— Sa taille ?

— Je ne pourrais vous la fixer qu'approximativement, car je ne l'ai vue que sur son lit funèbre. Elle m'est apparue assez grande.

— Pas moins d'un mètre soixante-dix ?

— C'est cela.

— Pas d'enfant ?

— Non.

— Pouvez-vous me fournir un renseignement, même approximatif sur sa santé ?

— Son beau-père m'a affirmé qu'elle avait toujours été excellente.

— Bien.

Le professeur Courtil se renferma de nouveau dans un profond silence, que le détective se garda bien de troubler.

Au bout d'un instant, le savant appela, d'une voix forte :

— Scholastique... Scholastique...

Une porte s'ouvrit. La servante apparut. Le professeur lui demanda :

— Y a-t-il beaucoup de monde à m'attendre ?

Scholastique répondit :

— Une vingtaine de personnes. On dirait qu'elles se sont toutes donné le mot pour rappliquer en même temps.

« Et puis, vous savez, ce n'est pas fini ; tout à l'heure, je suis sûre qu'elles seront bien que quarantaine, et je serai encore obligée de les laisser dans l'escalier, même que la concierge commence à se plaindre...

D'un geste décisif, le savant interrompit le flot oratoire, qui commençait à s'échapper de la bouche de sa domestique, et, sur un ton qui n'admettait pas de réplique, il fit :

— Dites à ces gens qu'ils reviennent tous

ce soir vers dix-sept heures. Pour l'instant, il m'est absolument impossible de les recevoir !

« Vous leur donnerez des numéros d'ordre, afin d'éviter une bousculade et un passe-droit.

— Mais, monsieur le professeur, objectait Scholastique, ils vont être furieux... Ils sont capables de m'écharper.

— Oh ! je suis bien tranquille. Ils ne vous diront rien, et je sais que vous êtes d'ailleurs de taille à leur tenir tête.

Avec un accent d'autorité péremptoire, il martela :

— Allez, faites ce que je vous dis, et qu'il ne soit plus question de rien.

La bonne à tout faire obtempéra.

Lorsqu'elle eût quitté la pièce, Chantecoq fit simplement :

— Alors, maître, vous acceptez ?

— Oui, j'accepte, répliqua le professeur Courtil.

— Merci de tout cœur.

— Cher monsieur Chantecoq, vous me témoignerez votre reconnaissance, lorsque l'expérience aura réussi, car je ne réponds de rien.

— Eh bien ! moi, s'écria le détective plein d'optimisme, je suis sûr du succès...

— A la condition que cette jeune femme soit vivante...

— Elle l'est, affirmait le limier avec un accent de conviction, qui parut produire une très vive impression à son interlocuteur ; car celui-ci, se levant, lui dit :

— Veuillez m'attendre cinq minutes et je vous suis.

Le savant s'en fut par une petite porte, laissant seul le policier privé, qui semblait enchanté du résultat de sa démarche.

Il se disait :

« Si je ne me suis pas trompé, quelle joie pour moi, non seulement de sauver cette malheureuse, mais de la rendre à son mari avec la preuve de son innocence !

« Ah ! ce sont vraiment les bons moments de notre métier que ceux où l'on peut faire ainsi le bien !

Cinq minutes après, ainsi qu'il l'avait annoncé, le savant revenait. Il tenait à la main un chapeau de feutre aux larges ailes et il appela de nouveau d'une voix forte :

— Scholastique... Scholastique !...

La bonne à tout faire reparut, rouge, essoufflée :

— Ils sont partis, annonça-t-elle à son maître ; mais, ainsi que je le prévoyais, cela n'a pas été tout seul.

« Qu'est-ce qu'il a fallu que je leur raconte ! Ils ont tous dit qu'ils reviendraient ce soir.

« J'espère, monsieur le professeur, que vous serez là pour les recevoir. Sans cela, ils seraient capables de m'étrangler et de me couper en morceaux !

— Scholastique, reprenait le savant avec l'impassibilité sereine d'un personnage d'Anatole France, ne vous mettez pas ainsi martel en tête ; j'ai promis d'être là à dix-sept heures, j'y serai !

« D'ici là, reprenez votre calme et songez aux apprêts d'un dîner que je désire simple, mais que je veux succulent.

— J'espère que Monsieur le professeur sera content, ponctuait la servante.

— Et maintenant, reprit le professeur

Courtil, en s'adressant à Chantecoq, je suis à votre entière disposition.

Tous deux quittèrent le cabinet de travail, traversèrent le salon et l'antichambre, franchirent le seuil et descendirent le vieil escalier.

Une fois dans la rue, Chantecoq, ouvrant lui-même la portière de sa Talbot, dit à son compagnon :

— Montez donc, mon cher maître.

— Vous n'avez donc pas de chauffeur ? interrogea le savant.

— Non, je préfère conduire moi-même.

— Dans Paris ? C'est pourtant bien absorbant.

— Justement, répliqua le roi des détectives. Tandis que je pense à n'écraser aucun piéton et à me défendre contre toutes fâcheuses rencontres, je ne songe pas à autre chose et cela me repose le cerveau de toutes les idées que me suggèrent les fonctions que j'exerce.

« C'est, en quelque sorte, un dérivatif ! Tout en parlant, le grand limier avait saisi le volant et, constatant que le professeur Courtil était confortablement installé sur les coussins arrière de sa conduite intérieure, il mit son moteur en marche et gagna aussitôt l'hôtel particulier de M. et Mme Jacques Barrois.

Dans l'antichambre, ils se croisèrent avec le grand industriel, qui, apercevant Chantecoq, s'en fut à lui, la main tendue, et lui dit :

— Je n'ai pu m'empêcher d'apprendre à mon fils que sa femme n'était pas coupable. Il vient d'avoir en ma présence une explication décisive avec son beau-frère.

« En ce moment, il prie auprès du lit funèbre et je crois qu'il vaut mieux le laisser seul et ne pas interrompre ses larmes qui le soulagent moralement et physiquement et transforment son atroce désespoir en un chagrin qu'adoucit la pensée qu'il n'a rien à reprocher à celle qui l'a quitté pour toujours.

— Monsieur Barrois, reprenait Chantecoq, vous n'ignorez point que je suis décidé à découvrir l'assassin de votre belle-fille.

— Je le sais et je ne puis que vous encourager dans cette voie.

Tout en désignant à M. Barrois père le professeur Courtil, qui se tenait un peu à l'écart, le limier poursuivait :

— Dans ce but, et pour une autre raison, que je ne puis vous divulguer encore, j'aurai besoin que vous me permettiez de demeurer seul pendant quelques instants avec mon ami et collaborateur que voici dans la chambre mortuaire de Mme votre belle-fille...

« Si cela n'était pas abuser de votre complaisance, je vous demanderais de vous éloigner.

— Pendant combien de temps ?

Le savant précisait :

— Dix minutes environ.

M. Barrois répliquait :

— Je vais m'efforcer de vous donner satisfaction.

Et, s'adressant à un valet de chambre, il fit :

— Faites entrer ces messieurs dans le salon.

Tandis que le domestique s'exécutait, l'industriel pénétrait dans la chambre, qui avait été transformée en une véritable chapelle ardente et au milieu de laquelle, sur un lit, Marie-Louise reposait parmi les fleurs.

La lumière de nombreux cierges se reflétait sur son beau visage.

En entendant et en reconnaissant son père, Jacques se leva et fit :

— Regardez-la, père, comme elle est belle ! On ne dirait pas qu'elle est morte ; on croirait plutôt qu'elle dort.

Il ajouta, en saisissant les bras de M. Barrois :

— Je viens de lui dire combien je souffrais de l'avoir soupçonnée, méconnue... Père, croyez-vous que son âme m'aura entendu ? Croyez-vous qu'elle m'aura accordé mon pardon ?...

— Mais oui, mon cher enfant, répliquait M. Barrois. Allons, calme-toi, ne reste pas là. Maurice vient d'arriver, il est ici ; il voudrait te voir, te parler de certaines décisions que nous ne pouvons prendre sans toi ; ensuite, tu pourras revenir près de ta pauvre femme.

Doucement, l'industriel entraînait son fils vers la porte.

Jacques, d'une voix brisée, lui fit observer :

— Elle va rester seule.

— Non, je vais veiller près d'elle, Maurice est en bas dans le studio ; va le rejoindre, va... va, mon petit.

Jacques obéit et s'en fut d'un pas traînant, s'appuyant à la rampe, tout brisé par la douleur immense qui le torturait.

Son père le laissa s'éloigner. Lorsqu'il eut acquis la certitude que Jacques avait rejoint son frère, il descendit à son tour l'escalier, s'en fut au salon et dit à Chantecoq :

— Maintenant, venez avec moi.

Chantecoq et le professeur Courtil lui emboîtèrent le pas.

Quelques instants après, ils pénétraient à leur tour dans la chambre mortuaire. Discrètement, le grand métallurgiste les laissa seuls en présence de la défunte et il demeura dans le couloir, attendant le résultat de cette mystérieuse démarche.

Le professeur Courtil s'approcha du corps et, prenant dans sa poche une petite trousse, il en retira une glace carrée qu'il approcha des narines et de la bouche de Marie-Louise.

Aucun souffle ne la ternit. Il ne manifesta aucun signe extérieur d'impression mauvaise ou favorable, mais, prenant dans sa trousse un flacon qui semblait contenir de l'eau, il en versa quelques gouttes sur la glace qu'il essuya ensuite avec un morceau d'ouate.

De nouveau, il approcha le miroir du visage de la morte. A la grande satisfaction de Chantecoq, qui suivait cette expérience avec un intérêt palpitant, un voile, d'abord extrêmement léger, puis suffisamment opaque, se répandit sur la glace, qui, au bout de quelques secondes, fut recouverte d'une véritable brouillard. Alors, simplement, à voix basse, le professeur fit :

— Vous aviez raison, monsieur Chantecoq, cette jeune femme est vivante.

V

MARIE-LOUISE

Chantecoq réprima un cri de joie. A voix basse, lui aussi, il demanda au professeur :

— Espérez-xous que vous allez lui rendre la vie ?

— J'en suis sûr et cela le plus facilement du monde.

« Dans quelques minutes, cette jeune femme sera entièrement revenue à elle.

— C'est merveilleux, disait Chantecoq, qui, pourtant, n'avait pas l'habitude de s'extasier.

Avec une grande maîtrise de lui-même, le professeur Courtil déclarait :

— Il ne faut pas que cette jeune femme, lorsqu'elle reviendra à elle, ouvre les yeux sur cet apparat funéraire. Il s'agit donc de la transporter dans une autre pièce, voisine de celle-ci.

« Veuillez, monsieur Chantecoq, avoir l'obligeance d'ouvrir cette porte et de me dire où elle donne.

Chantecoq s'exécuta aussitôt et, ouvrant le battant, il constata qu'il y avait là un petit boudoir, fort élégant, qui possédait un divan sur lequel il était très facile de transporter et d'étendre la fausse morte.

Il fit part de sa découverte au savant, qui, sans hésiter un instant, prit la jeune femme dans ses bras et s'en fut la coucher sur le divan, en ayant soin de lui tenir la tête très haute et les reins solidement appuyés sur des coussins.

Ensuite, il prit dans sa trousse une seringue d'une forme singulière qui ne contenait aucun liquide, n'était pourvue d'aucune aiguille et se terminait par une sorte de renflement métallique en forme de ventouse qu'il appliqua sur le poignet droit de Marie-Louise. Lentement, toujours en silence, il poussa le piston...

Quand celui-ci fut arrivé au bout de sa course, le savant enleva la seringue dont l'extrémité laissa sur la peau de Mme Barrois un léger cercle rouge.

Se tournant vers Chantecoq, qui, muet, immobile, avait assisté à cette opération en apparence insignifiante, il expliqua :

— Cette seringue renfermait un gaz de mon invention, qui est en train de se répandre dans l'organisme de cette jeune personne et qui a une action directe et aussi efficace qu'inoffensive sur la circulation... J'ai mis vingt ans à le trouver....

— Alors, observait d'une voix sourde le roi des détectives, sans vous, cette malheureuse allait être enterrée vivante ?

— Certainement.

— Mais c'est abominable...

Le professeur Courtil ne répondit pas... Il fixait de son regard ardent le visage de Marie-Louise, attendant les premiers symptômes d'un retour à la vie.

Chantecoq poursuivait :

— Une fois dans son cercueil, aurait-elle repris connaissance ?

Le savant eut un simple signe de tête affirmatif.

— Quelle horreur ! ne put s'empêcher de s'exclamer le grand limier.

Et il ajouta :

— Alors, toutes les victimes du *Tueur de femmes* ont subi cet atroce supplice ?...

Le professeur eut un geste qui signifiait : « Silence ! »

Chantecoq se tut et s'approcha...

Le visage de Marie-Louise était déjà moins livide. Ainsi que l'avait prédit Courtil, la circulation du sang commençait à se s'établir. Le cœur s'était donc remis à battre. Les membres avaient déjà perdu leur rigidité cadavérique. Les narines avaient d'imperceptibles palpitations, les lèvres, un très léger frémissement. Les doigts, les premiers, se détendirent.

Rapidement le professeur enleva le chapelet qui les entourait et le fit disparaître dans sa poche. Par intervalles, des soupirs soulevaient la poitrine de la jeune femme...

Le prodige s'opérait, graduellement, immuablement. Ce n'était pas une morte que le grand biologiste ressuscitait, mais une endormie qu'il arrachait à sa léthargie.

Il se tourna vers Chantecoq, pétrifié d'admiration, et lui dit :

— Maintenant, vous pouvez être absolument tranquille : dans dix minutes, M{mo} Jacques Barrois sera aussi bien portante qu'elle l'était avant l'accident : vous pouvez prévenir la famille.

Chantecoq quitta la chambre, exultant de joie.

Il trouva M. Barrois père, qui continuait à monter la garde dans le couloir.

— Monsieur, lui dit-il, promettez-moi d'être calme... très calme... très maître de vous !

Vivement surpris M. Barrois interrogeait :

— Pourquoi me demandez-vous cela ?

Le policier privé répliquait :

— Parce que, souvent, les grandes joies sont aussi difficiles à supporter que les grandes douleurs...

— Monsieur Chantecoq, je crois vous comprendre, mais...

— Je vais préciser, déclarait le détective : si je vous annonçais que votre fils et vous, ainsi que tous les vôtres, avez vécu non pas une horrible réalité, mais un affreux cauchemar ; que non seulement M{mo} votre belle-fille n'a commis aucune faute, mais qu'elle est vivante !...

— Monsieur Chantecoq, murmurait l'industriel d'une voix étouffée, vous me donnez le vertige...

Marie-Louise serait...

— Venez avec moi, fit simplement le limier, qui entraîna aussitôt M. Barrois dans la chambre mortuaire.

Constatant que le corps de sa belle-fille avait disparu, l'industriel s'écria :

— Où est-elle ?. Qu'en avez-vous fait ?...

Chantecoq indiqua la porte du boudoir qui était restée ouverte. Le métallurgiste se précipita dans la pièce. Marie-Louise commençait à rouvrir les yeux.

M. Barrois s'arrêta, figé de stupeur. Chantecoq, tout en lui désignant le savant, qui, son chronomètre à la main, comptait les pulsations de la jeune femme s'écria :

— Voici M. le professeur Courtil... grâce auquel Mme votre belle-fille va être rendue à l'affection des siens...

— Monsieur, reprenait l'industriel, en s'avançant vers le médecin, je n'en peux croire ni mes yeux, ni mes oreilles... Comment, cette pauvre enfant que tout à l'heure j'avais laissée étendue, rigide et glacée sur son lit funèbre, la voici... maintenant revenue à l'existence... et presque à la réalité...!

A peine M. Barrois avait-il prononcé ces mots que Marie-Louise, entr'ouvrant ses lèvres, qui reprenaient peu à peu leur incarnat, murmura d'une voix faible, mais cependant distincte :

— Jacques ! Jacques !...

Chantecoq suggérait :

— Monsieur Barrois, allez prévenir votre fils...

L'industriel s'en fut aussitôt. Marie-Louise, qui recouvrait de plus en plus la notion de ce qui l'entourait, réclamait de nouveau son mari. Elle ne se souvenait pas encore des derniers événements. Seul, l'instinct de son cœur inspirait sa pensée.

— Jacques, répéta-t-elle... pourquoi n'es-tu pas là ?

Et, tout en passant sa main sur son front, elle ajouta :

— Mon Dieu ! que s'est-il passé ?

Puis, ses yeux s'en furent tour à tour vers le professeur et le détective, qu'elle voyait pour la première fois.

Pourtant, elle était bien chez elle, dans son boudoir. Alors, quels étaient ces gens inconnus.

— Qui êtes-vous, murmura-t-elle d'une voix lointaine.

Chantecoq, répliqua fort adroitement :

— Des médecins !...

— Et mon mari ? interrogea-t-elle, avec crainte.

— Il va venir, répliquait le limier.

Un cri déchira la poitrine de la jeune femme. Elle venait de se souvenir tout à coup de la terrible méprise de la matinée.

— Il est parti, n'est-ce pas ?... Oui, il est parti... Et vous ne voulez pas me le dire... Et mon beau-père... et Maurice. Tous m'ont abandonnée. Car tous me croient coupable !

— Non, affirmait avec force le roi des détectives... Ils vous croient et vous savent innocente !

— Qui donc êtes-vous pour me parler ainsi ?

Chantecoq n'eut pas le temps de lui répondre. Marie-Louise lançait d'une voix éperdue :

— Jacques !... Jacques !...

Le fils de l'industriel venait de pénétrer dans le boudoir et se précipitait vers sa femme, qui lui ouvrait tout grands ses bras.

Discrètement, Chantecoq et le professeur Courtil, que Jacques, en son émoi n'avait même pas remarqués, se retiraient dans la pièce voisine où les attendaient M. Barrois et son fils Maurice.

M. Barrois attaqua le premier :

— Alors, tout va bien ?

— Admirablement, répliquait Chantecoq.

— Jamais, s'écria le métallurgiste, nous ne pourrons nous acquitter assez envers vous.

— C'est surtout Monsieur le professeur Courtil que vous devez remercier, déclarait modestement le roi des détectives, en désignant le savant. qui semblait ne plus avoir qu'un désir : celui de disparaître, afin d'échapper aux effusions qui le menaçaient.

Chantecoq le retint, en disant :

— Je ne puis cependant pas m'attribuer le succès auquel je n'ai qu'une faible part ; car si j'avais espéré que Mᵐᵉ Marie-Louise Barrois était encore vivante, il est certain que, sans vous, mon cher maître, j'aurais été incapable de la ramener à la vie.

Courtil répliquait froidement :

— J'ai fait mon devoir tout simplement.

Et après avoir salué d'un léger signe de tête Auguste et Maurice Barrois, il dit à Chantecoq :

— Cher monsieur, je vais vous demander le service de me reconduire jusque chez moi ; car, pour rien au monde, je ne voudrais faire attendre ceux qui ont besoin de moi et que j'ai dû remettre à plus tard pour venir ici.

Chantecoq répondit :

— C'est entendu, je vais vous reconduire.

Et s'adressant à M. Barrois père, il ajouta :

— Si vous me le permettez, je reviendrai ensuite ici, car j'ai pas mal de choses à vous dire.

M. Barrois et son fils acquiescèrent immédiatement et tendirent leurs mains au policier privé, qui les serra cordialement.

Déjà, le professeur Courtil avait gagné le couloir. M. Barrois murmura à l'oreille de Chantecoq :

— Quel est cet étrange médecin que vous nous avez amené ?...

— Je vous expliquerai cela tout à l'heure, répliquait le limier, qui s'empressa de rejoindre son compagnon et de réintégrer sa Talbot.

Chantecoq dit au professeur :

— Cela ne vous ennuierait pas de vous asseoir à côté de moi, car j'ai besoin de vous parler.

— Certainement, avec plaisir, ripostait le savant, qui s'installa aux côtés du détective.

Celui-ci mit son moteur en marche et, tout en prenant la direction de la rue Bonaparte, Chantecoq dit à son voisin :

— Je sais que vous n'aimez pas les compliments. Aussi ne vous en ferai-je point. Cependant, je ne puis pas m'empêcher de vous dire qu'au cours de ma carrière déjà longue, jamais encore il ne m'était arrivé d'être mêlé à des événements aussi extraordinaires.

« Si vous aviez été compris, mon cher maître, que de services vous auriez pu rendre à l'humanité !

« Mais peut-être un jour consentirez-vous à divulguer et à laisser propager votre découverte ?

— Je verrai, répondit laconiquement le professeur.

Chantecoq reprenait :

— Quand je pense à toutes ces malheureuses qui ont été ainsi plongées en léthargie par ce *Tueur de femmes*, qui ont été enterrées, et que, ainsi que vous me le disiez tout à l'heure, se sont réveillées dans leur tombeau, bien que je sois cuirassé contre toutes les émotions physiques et presque toutes les secousses morales, je ne puis m'empêcher de frémir.

« Car, en admettant que ces femmes ne fussent guère intéressantes, ne trouvez-vous pas que le châtiment que leur a infligé cet extraordinaire justicier est véritablement par trop disproportionné à la faute commise ?

— Je n'ai pas d'opinion à ce sujet, répondait le savant.

« Quel singulier bonhomme, songeait le limier. On dit que le génie et la folie sont très près l'un de l'autre. Il est certain qu'en ce moment, j'ai l'impression de me trouver en présence d'un homme qui est doué de l'un et atteint de l'autre. »

Il fit tout haut :

— Sous des allures impassibles, mon cher

maître, je suis certain que vous êtes doué d'un excellent cœur.

— Moi, moi ?

— Oui, vous ! Ne venez-vous pas de m'en donner la preuve, en accourant aussi vite auprès de cette jeune femme ?

« Je sais, par ailleurs, les bienfaits que vous répandez dans un monde où on ne connaît guère le bonheur. Aussi n'aurez-vous pas pitié de toutes ces pauvres égarées d'un moment, qui sont si férocement, si impitoyablement frappées par un ennemi invisible ? Vous seul pouvez arrêter la série de ses exploits.

Le professeur Courtil répliquait :

— J'y ai déjà songé à maintes reprises et, si je ne l'ai pas fait plus tôt, c'est parce que j'ai pensé que mon intervention n'arrêterait pas le criminel, et que si je m'occupais de ramener ses victimes à la vie, il changerait sa formule et, au lieu de plonger ces femmes en léthargie, il les tuerait tout de suite.

— Cela serait déjà un résultat, observait Chantecoq, puisqu'il empêcherait ces agonies effroyables au fond d'un cercueil.

— C'est très juste, répliquait le savant. Je n'avais pas songé à cela, car j'étais persuadé comme tous que ce mystérieux monomane tuait tout de suite ; mais puisqu'il en est autrement, je consens, dans un but exclusivement humanitaire, à secourir la première de ces malheureuses qui succombera.

Chantecoq précisait :

- Vous m'autorisez donc à aller trouver le mari et à lui offrir votre concours ?

— Oui, admettait le professeur, mais à une condition : c'est que cette démarche, ainsi que mon intervention, demeurent strictement confidentielles.

« Je déteste la publicité et je vis dans l'obscurité à l'abri des médisances, des calomnies, que je n'aurais plus la force de supporter.

« Je me suis fait une vie intérieure et extérieure extrêmement calme, et, comme le disaient les vieux Romains : je tiens essentiellement à vivre loin des agitations du Forum ou, si l'on veut, de la place publique.

Chantecoq répliquait :

— Votre volonté sera respectée, j'en prends l'engagement absolu.

« Il ne me reste plus, mon cher maître, qu'à prendre congé de vous et à vous remercier d'avoir bien voulu intervenir, quand il était encore temps, auprès de cette jeune femme, qui était véritablement digne de votre compassion.

Avec une expression singulière, le professeur Courtil reprenait :

— Monsieur Chantecoq, vous n'allez pas vous froisser de ce que je vais vous dire?

— J'ai un excellent caractère.

— Eh bien ! vous m'apparaissez comme un homme de plus en plus stupéfiant.

— Comment cela ?

— Je vais vous le dire. Vous avez au moins vingt-cinq années de service dans la police officielle ou privée !

— Exactement vingt-sept, déclarait le roi des détectives.

— Et vous avez gardé une pareille générosité ?

— Pourquoi pas ?

— C'est bizarre !

— Et beaucoup de mes collègues, croyez-moi, mon cher maître, je dirais même la plupart, sont de très braves gens qui savent, quand il le faut, avoir pitié de ceux qui le méritent.

M. Courtil poursuivait :

— J'aurais cru, au contraire, qu'en coudoyant les malfaiteurs, on finissait non pas par devenir sinon malfaiteur soi-même, mais tout au moins par perdre presque entièrement et même totalement toute sensibilité.

— Mon cher maître, s'écriait Chantecoq, vous commettiez là, permettez-moi de vous le dire, non seulement une erreur, mais encore une injustice.

— Je m'en aperçois.

— Nous ne fréquentons pas que des fripouilles ; nous avons aussi affaire à beaucoup d'honnêtes gens et nous nous apercevons qu'ils sont en immense majorité.

« Malheureusement, n'ayant pas le même manque de scrupules que celui qui caractérise les bandits acharnés après eux, ils ne savent généralement pas se défendre contre leurs attaques, pas plus qu'un troupeau de moutons ne sait se préserver des attaques d'un loup.

« C'est précisément cette sorte d'ingénuité qui caractérise les bons et cause leur infériorité en face du mauvais. Cela nous rend, nous autres détectives, privés ou non, accessibles à ces sentiments d'humanité que vous étiez tant surpris de rencontrer chez moi.

Le professeur Courtil s'écriait :

— Maintenant, monsieur Chantecoq, je vous comprends tout à fait, et je me félicite d'avoir provoqué vos explications. Je vous avouerai que j'éprouvais, comme certaines gens qui ne sont pas au courant, une sorte

d'instinctive antipathie pour tout ce qui est police ; je reconnais que vous l'avez, en quelques instants, transformée en une sympathie profonde et sincère, qui ne demande qu'à s'étendre sur tous ceux qui se sont constitués les gardiens de l'ordre social.

— Sur cette bonne parole, déclarait le grand limier, je vais vous demander la permission de prendre congé de vous ; car j'ai plusieurs courses à faire, qui ne sauraient admettre aucun délai.

« Excusez-moi de vous avoir aussi longtemps retenu ; cette conversation était indispensable. Maintenant, nous allons pouvoir marcher la main dans la main ; car je n'ai pas oublié votre promesse. Peut-être, grâce à vous, vais-je pouvoir atteindre le but que je me suis assigné, c'est-à-dire déjouer les manœuvres du *Tueur de femmes* et peut-être aussi le démasquer.

M. Courtil eut un signe de tête affirmatif ; puis, se levant, il tendit la main à Chantecoq, qui la serra avec effusion.

Le professeur Courtil, après avoir regardé le détective s'éloigner se prit à murmurer :

« Décidément, cet homme est des plus intelligents et des plus honnêtes que j'aie rencontré... Mais je doute bien qu'il mette jamais la main sur le *Tueur de femmes*. »

VI

OU L'ON VOIT CHANTECOQ PROCÉDER A UNE ENQUÊTE DES PLUS SERRÉES ET ABOUTIR A UN RÉSULTAT AUQUEL IL NE S'ATTENDAIT GUÈRE.

En quittant le professeur Courtil, Chantecoq était retourné directement chez M. et

Mme Jacques Barrois, où il avait été accueilli avec enthousiasme par le jeune ménage, qui lui devait la résurrection complète de son bonheur, ainsi que par M. Auguste et Maurice Barrois qui ne savaient comment lui témoigner leur gratitude.

Tout de suite, Chantecoq posait :

— Croyez que je suis très heureux du résultat, cependant, je ne suis pas venu ici pour triompher ni pour recevoir vos félicitations, si précieuses me soient-elles, mais surtout et avant tout pour *travailler*.

M. Barrois père déclarait :

— Soyez persuadé, monsieur Chantecoq, que nous mettrons tout en œuvre pour faciliter la tâche que vous vous êtes assignée, c'est-à-dire l'arrestation du *Tueur de femmes*.

Jacques Barrois appuyait, approuvé par sa jeune femme :

— C'est notre meilleur moyen de vous exprimer notre reconnaissance.

Le roi des détectives reprenait :

— Vous m'autorisez donc à poser à Mme Barrois certaines questions ?...

— Très volontiers, affirmait Jacques.

— Et moi, déclarait Marie-Louise, je considère qu'il est de mon devoir, monsieur Chantecoq, de vous répondre de mon mieux.

— Alors tout va bien, s'écria le grand limier d'un air joyeux. Je puis commencer mon enquête ?

— Tout de suite, formulait la jeune femme.

Chantecoq précisait :

— Sans vouloir revenir sur des événements, dont le souvenir ne peut que vous être pénible, je serais très heureux, madame, si vous pouviez me retracer exactement l'itinéraire que vous avez suivi, lorsque vous avez quitté ce matin votre maison.

— Je vais tâcher de m'en souvenir, ripostait Marie-Louise. Je vous avouerai que j'étais tellement troublée à ce moment !... Il se peut donc qu'il y ait quelques trous dans ma mémoire.

« La vérité est qu'en quittant si brusquement ma demeure, je n'avais qu'un désir : retrouver mon mari et tout lui dire.

« Malheureusement, j'étais si bouleversée que je n'ai pas songé un seul instant à me rendre aux endroits où j'avais le plus de chances de le trouver, c'est-à-dire chez son père ou chez son frère.

« J'ai pris un taxi et je me suis fait conduire à son bureau, qui se trouve rue de Castiglione. Là, on m'a répondu qu'il n'était pas encore arrivé.

« Malgré cela, je suis rentrée dans son cabinet de travail, qui était vide. Un courrier assez volumineux l'attendait, prouvant que l'on m'avait exactement renseignée.

« J'ai attendu pendant quelques instants. Toujours personne ! Lorsque le garçon de bureau est venu m'annoncer, d'un air embarrassé, que M. Jacques était malade chez son frère, et qu'il ne viendrait pas ce matin, je suis descendue complètement affolée. Alors, j'ai pris la rue de Rivoli, marchant d'un pas nerveux sous les arcades, lorsque, à un moment donné, je me suis sentie bousculée légèrement par un vieux monsieur à barbe blanche qui s'est excusé et éloigné, sans que je prêtasse la moindre attention à cet incident.

« J'ai fait quelques pas, et je me **préparais**

à arrêter une voiture pour me rendre chez mon beau-frère, lorsque j'ai senti le sol se dérober sous mes pas, et je me suis écroulée comme une masse. Voilà tout ce que je puis vous dire, monsieur Chantecoq.

Le détective répliquait :

— Je vous remercie, madame, de la bonne grâce avec laquelle vous m'avez répondu. Pour aujourd'hui, je ne vous en demanderai pas davantage, et je m'en vais vous laisser savourer en paix votre existence de bonheur enfin reconquise.

Il se leva, embrassa avec déférence la main que lui tendait Marie-Louise, serra celle des trois hommes et se retira, l'air satisfait bien qu'à première vue il n'eût recueilli que de très vagues renseignements, qui ne semblaient guère de nature à le mettre sur la piste du malfaiteur qu'il s'était donné la tâche de découvrir. Il rentra chez lui à l'heure du dîner. Chantecoq avait un principe : lorsqu'il était à table, sauf de très rares exceptions, jamais il ne parlait des affaires qu'il avait en cours.

Météor, qui partageait son repas, le connaissait trop bien pour se permettre de lui poser la moindre question ; mais il ne fut pas sans constater que son patron, ainsi qu'il l'appelait, était d'excellente humeur et faisait honneur, avec un appétit de vingt-cinq ans, au menu succulent que lui avait préparé sa cuisinière Marie-Jeanne, cordon bleu émérite, et épouse légitime de Pierre Gautrais.

A la fin du dîner, Chantecoq, tout en allumant sa pipe, dit à Météor :

— Maintenant, mon petit, passons dans mon studio. Nous avons à travailler.

Tous deux s'en furent dans la pièce que nous avons décrite plus haut.

Chantecoq s'installa et demanda aussitôt à son secrétaire :

— Est-ce que tu as terminé la mise au point de ta sténographie ?

— Oui, patron, elle est là, devant vous, dans cette chemise bleue.

— Parfait !

Chantecoq se plongea dans la lecture de ce document ; puis, Météor, qui avait allumé un cigare, observa un silence religieux. Lorsque Chantecoq eut terminé, sa pipe était éteinte. Il la bourra avec soin, l'alluma avec précaution, et, après en avoir tiré quelques bouffées qui s'envolèrent dans l'espace, il fit :

— Cette affaire, qui semble si ténébreuse, est, tout au contraire, d'une simplicité enfantine.

Météor ne put retenir un geste d'étonnement.

— Ça te surprend ? dit Chantecoq, en enveloppant son élève d'un regard plein de malice.

— Qu'est-ce que vous voulez, patron, je n'ai ni votre perspicacité, ni votre flair...

— Il ne s'agit pas de flair en la circonstance, rectifiait le roi des détectives, mais de raisonnement, de logique pure.

« D'ailleurs, tu es très excusable de ne pas l'avoir tout de suite saisi, puisque tu es dans l'ignorance absolue de l'enquête que j'ai faite cette après-midi, ainsi que des événements qui en ont été la conséquence.

« Comme sous peu tu es appelé à jouer un rôle actif dans cette affaire, je vais donc te mettre au courant de ce qui s'est passé, et je te laisserai le soin d'en tirer une conclusion, qui, j'en suis persuadé, sera conforme à la mienne.

— Patron, inutile de vous dire que je ne vous ai peut-être jamais écouté avec une aussi vive attention.

Chantecoq révéla à son collaborateur la première visite qu'il avait faite au domicile particulier de M. et Mᵐᵉ Jacques Barrois, l'intuition qu'il avait eue que Marie-Louise n'était pas morte, la démarche qu'il avait tentée avec succès auprès du professeur Courtil, la véritable résurrection de Marie-Louise et, enfin, les renseignements que celle-ci lui avait donnés.

Quand il eut terminé, il dit à Météor :

— Maintenant, tu as la parole.

L'élève policier paraissait plutôt embarrassé.

— Patron, fit-il, excusez-moi ; vous allez penser et peut-être me dire une fois de plus que je ne suis qu'une gourde, mais que voulez-vous, je suis bien obligé de vous parler franchement.

« En effet, si je vous déclarais que, moi aussi, je trouve cette affaire toute simple, vous ne manqueriez pas de me demander pourquoi ? Et je serais bien embarrassé pour vous répondre, car, contrairement à vous, je n'y vois pas clair là-dedans, mais pas du tout... Je ne comprends qu'une chose : c'est que vous avez eu la chance de rencontrer sur votre route une espèce de sorcier, qui réveille les gens plongés en léthargie, un point, c'est tout.

« Il y a bien aussi cette vieille histoire de vieux monsieur qui a bousculé Mᵐᵉ Barrois sous les arcades de la rue de Rivoli et je crois

pour ma part que c'est lui qui doit être le *Tueur de femmes* et que tous les poils qu'il portait au menton sont ce qu'on appelle des poils... mobiles. Mais tout cela ne me dit pas qui il est, et si je n'avais que de pareils indices je serais bien en peine où diriger mes recherches.

— Météor, Météor, scandait le célèbre limier, bien que tu aies fait des progrès immenses, surtout depuis un an, et que tu sois devenu pour moi un auxiliaire que je qualifierai de bras droit, je m'aperçois que tu as encore beaucoup à apprendre.

— Patron, c'est tout à fait mon avis.

— Eh bien ! mon garçon, pour ce soir, nous n'irons pas plus loin.

« Je veux, en effet, te donner une leçon de police vécue, qui te profitera certainement beaucoup mieux que si en ce moment je te dévoilais mes idées.

« La pratique, vois-tu, il n'y a que cela de vrai. Je suis persuadé que, lorsque tu m'auras vu manœuvrer, tu en sauras beaucoup plus long que si je t'avais raconté d'avance mes intentions.

— Alors, s'exclamait le jeune secrétaire d'un air déçu, pendant que vous allez travailler, je vais être obligé de me croiser les bras ?

— Je ne dis pas cela, bien au contraire... Dès demain matin, tu vas te mettre en campagne et je vais même, dès à présent, t'expliquer ce que tu vas avoir à faire.

— Patron, je suis content.

— Oh ! ce n'est pas de la besogne de première classe.

— Tant pis.

— Mais elle n'en a pas moins son importance. Ce professeur Courtil, dont je t'ai parlé tout à l'heure, après avoir obtenu de brillants succès, je dirai même de trop brillants succès a dû, à la suite d'une coalition de confrères jaloux, faire un plongeon de plusieurs années. Je voudrais savoir :

« 1° D'abord s'il m'a dit exactement la vérité, tant qu'au motif de sa retraite ;

« 2° Où il est allé demeurer, et ce qu'il a fait pendant ces douze années de disparition.

— C'est entendu, patron, répliquait le secrétaire.

Et s'armant de son calepin et d'un crayon, il ajouta :

— Je vous demanderai seulement de bien vouloir me donner l'adresse du personnage en question.

Chantecoq indiqua :

— 37, rue Bonaparte. Je t'avertis qu'il a pour servante une certaine Schoslatique, qui m'a l'air de lui être très dévouée, et doit évidemment être au courant de tous les mystères de son existence.

« C'est par elle, j'en ai la conviction, que tu arriveras à te documenter.

— Patron voilà un tuyau dont je vous remercie car il simplifie singulièrement ma tâche.

— Maintenant, conclut Chantecoq, bien qu'il soit de bonne heure, allons nous coucher et faisons une provision sérieuse de sommeil, car il n'y aurait rien d'étonnant à ce que nous eussions besoin de passer plusieurs nuits blanches.

— Alors, bonsoir, patron !

— Bonsoir, mon ami !

Ils allaient se séparer, Chantecoq, pour regagner sa chambre qui était située au premier étage, et Météor pour se rendre dans la sienne qui se trouvait au second, lorsque, presque malgré lui, Météor s'exclama :

— Décidément, je ne suis qu'un idiot.

— Pourquoi dis-tu cela ? s'exclamait le roi des détectives avec un sourire plein d'affectueuse indulgence.

— Patron, tout d'un coup, comme on disait dans les vieux mélos, la lumière vient de se faire en moi.

— Quelle lumière ?

— Eh bien ! patron, je reconnais comme vous que cette affaire est d'une clarté aveuglante.

— Tiens, tiens, ironisait le fin limier.

— Et si j'osais, poursuivait Météor, je vous dirais que si vous avez repéré le *Tueur de femmes*, eh bien ! moi aussi, j'en ai fait autant. et c'est...

Il s'arrêta, comme s'il n'osait prononcer tout haut le nom du personnage incriminé. Chantecoq, éclatant de rire, répliqua :

— C'est toi !

— Oh ! patron, vous plaisantez !

— Bien entendu, je plaisante, et si je plaisante ainsi, c'est pour t'empêcher de dire une bêtise.

« Tu es convaincu, n'est-ce pas, que c'est le professeur Courtil le *Tueur de femmes* ?

— Dame, patron, comme vous me demandez de faire une enquête sur lui, j'en conclus que, tout au moins, vous le soupçonnez ; et quand vous soupçonnez quelqu'un, c'est tout comme si vous l'accusiez.

— Météor, mon garçon, déclarait Chantecoq avec une sévérité qui n'était qu'apparente, laisse-moi te donner un conseil !

« Méfie-toi de ton imagination. C'est une faculté qui peut, à la fois, rendre à celui qui la possède les plus immenses services, mais il n'en est pas moins vrai qu'elle peut aussi lui causer les ennuis les plus fâcheux.

« Rappelle-toi bien ceci : quand on fait une enquête, on ne doit pas avoir d'avance une opinion toute faite ; il faut faire table rase de toute idée, n'envisager que la réalité et ne s'embarquer sur le bateau des déductions que lorsque l'on est bien sûr de sa base.

« Si tu pars demain de ce principe que le professeur Courtil est le *Tueur de femmes*, tu feras forcément une enquête incomplète, fragile, mal étayée, parce que, d'avance, tu en auras arrêté les résultats.

« Donc je t'interdis, tu m'entends, d'accuser cet homme, contre lequel, d'ailleurs, je n'ai aucune espèce de preuve, ni même de présomption, qui me permettent de porter sur lui un jugement aussi décisif et aussi terrible.

« Comme je suis appelé à avoir avec lui, d'ici peu, de très intéressants rapports, je veux, non pas apprendre exactement ce qu'il a dans la peau, — ça, je le sais, — mais je tiens essentiellement à être documenté sur lui, de telle sorte que rien de son passé ne me soit inconnu ; un point, c'est tout... tu m'as compris ?

— Oui, patron, et comme toujours vous avez été la sagesse même.

« Grâce à vous, me voilà maintenant bien embarqué, car si vous ne m'aviez pas parlé comme vous venez de le faire, je crois que j'aurais fait des âneries.

— Là-dessus, je te souhaite une bonne nuit.

— Et à vous aussi, patron !

Chantecoq, au lieu de remonter dans sa chambre, ainsi qu'il en avait d'abord l'intention, demeura dans son studio ; puis, après avoir réfléchi pendant quelques instants, il grommela :

« Décidément, je crois que ce petit Météor ira très loin... s'il veut m'écouter ! »

. . . .

. . . .

Tandis que Chantecoq se préparait à goûter un repos bien gagné, un drame, aussi étrange que foudroyant, se déroulait dans un grand dancing des Champs-Elysées.

Une jeune femme, appartenant à la plus haute aristocratie, la baronne Véra d'Ormoix était en train d'exécuter un fox-trot avec un des danseurs attitrés de l'établissement, lorsque, tout à coup, elle s'écroula sur le sol. On se précipita, et un médecin, qui se trouvait parmi l'assistance, accourut aussitôt ; mais il ne put que constater le décès de la malheureuse jeune femme.

La nouvelle se répandit aussitôt dans l'établissement. Il n'y eut qu'un cri :

— C'est encore le *Tueur de femmes*. Mais l'épouvante allait grandir encore. En effet, tout à coup, l'électricité s'éteignait, et une voix, qu'on eût dite diffusée par un haut parleur très puissant, tant elle était formidable, lança aux quatre coins de la salle où se pressaient des couples horrifiés :

— Ainsi périra désormais toute femme qui se rendra coupable d'adultère.

A peine ces paroles avaient-elles été proférées que la lumière revenait et ce fut encore un surcroît d'horreur... Quatre autres femmes gisaient le long de la piscine, qui occupait le centre de la salle. Etendues sur les dalles, elles aussi étaient mortellement frappées.

Lorsque, le lendemain, Chantecoq apprit la nouvelle de ce véritable massacre par les journaux qui l'avaient publiée en dernière heure, malgré tout son sang-froid, il eut un sursaut d'indignation et, sautant à bas de son lit, il revêtit un pyjama et se hâta de descendre dans son studio. Tout de suite, il demanda au téléphone le numéro du professeur Courtil. Celui-ci s'en vint immédiatement à l'appareil et, fort courtoisement, il demanda :

— Allô ! mon cher monsieur Chantecoq, qu'y a-t-il pour votre service ?

Chantecoq répondit :

— Avez-vous lu les journaux ce matin, mon cher maître ?

— Je viens seulement de les parcourir.

— Et vous avez vu ce qui s'était passé dans ce dancing ?

— Parfaitement. C'est abominable !

— N'est-ce pas ? Aussi, j'allais vous demander de bien vouloir intervenir, afin de ramener à la vie les nouvelles victimes du *Tueur de femmes.*

— Il m'est bien difficile d'intervenir de mon propre mouvement.

— Me donnez-vous toute latitude d'agir ?

— Parfaitement.

— Si, mon cher maître, vous étiez appelé au chevet de ces infortunées, accepteriez-vous de vous y rendre et de renouveler sur elles le miracle que vous avez accompli sur Mᵐᵉ Barrois.

— Certainement, je vous le promets, et je m'engage même à ne pas sortir de chez moi. Il vous suffira de m'appeler au téléphone, en m'indiquant l'adresse et je m'empresserai d'accourir.

— Je vous en remercie sincèrement, mon cher maître.

— Hier, monsieur Chantecoq, vous m'avez entièrement convaincu et je vous en sais un gré infini ; car j'estime, ainsi que vous, que, si coupables soient ces femmes, dont beaucoup doivent avoir des circonstances atténuantes, le châtiment qui leur est infligé n'est pas en proportion avec la faute qu'elles ont commise.

— Alors, entendu, mon cher maître ?

— Entendu, mon cher détective !

Chantecoq raccrocha l'appareil, mais ce fut pour le décrocher de nouveau et demander, cette fois, le numéro du baron d'Ormoix. Ce fut une voix de femme qui lui répondit.

— Allô !... monsieur, qui êtes-vous... Que désirez-vous.

— Je suis monsieur Chantecoq, détective. A qui ai-je l'honneur de parler ?

Une voix brisée de douleur répondit :

— A la marquise de Tallemard, mère de la baronne d'Ormoix.

Chantecoq reprenait :

— Pourrais-je, madame, avoir avec vous un entretien aussi urgent que confidentiel ?

— A quel sujet, monsieur !

— Je ne puis vous le dire par téléphone ; mais tout ce que je puis vous affirmer, c'est que je ne suis pas un de ces policiers privés qui recherchent une affaire.

« Plein de pitié, au contraire, pour votre

immense douleur, j'ai peut-être entre les mains le moyen de l'apaiser et voilà pourquoi je vous demande quelques minutes d'entretien, tout de suite, si cela est possible, en m'excusant de vous troubler dans votre désespoir et n'agissant uniquement que dans l'intérêt de celle que vous pleurez et de tout son entourage.

La marquise répondait :

— Monsieur Chantecoq, je vous connais de nom et de réputation ; je vous attends donc avec confiance et j'ajouterai même avec espoir.

— Dans une heure, madame, j'aurai l'honneur de me présenter à vous.

Suivant son habitude, le détective privé se trouvait chez la baronne d'Ormoix à l'heure qu'il avait annoncée.

Les d'Ormoix habitaient un bel hôtel, rue Bassano, tout près des Champs-Elysées. La maison était en deuil. Il y régnait une profonde atmosphère de tristesse tragique.

Chantecoq fut reçu aussitôt par un maître d'hôtel au visage grave, aux gestes compassés, qui l'introduisit immédiatement auprès de la marquise de Tallemard, qui se trouvait dans un boudoir dont les tentures étaient fermées et qu'éclairait une lampe électrique, tamisée par un abat-jour de couleur sombre.

Avec toutes les allures d'un parfait homme du monde, le policier s'inclina respectueusement devant la marquise, qui, accablée de douleur, était écroulée dans une bergère et semblait ne plus avoir la force ni le courage de faire le moindre mouvement.

Elle attaqua d'une voix toute tremblante de détresse :

— Monsieur, je vous attendais avec impatience. Le coup de téléphone que vous m'avez donné tout à l'heure a mis en moi la lueur d'un espoir que je ne peux pas bien définir, mais qui cependant m'a un peu réconfortée dans mon immense douleur.

— Madame, répliqua Chantecoq, je ne voudrais pas vous bercer d'une illusion trop belle ; j'ai toujours eu comme principe, en effet, de ne jamais m'être laissé aller à des engagements que je ne pourrais accomplir et j'ai toujours mieux aimé tenir que promettre.

« Maintenant, je vais vous expliquer le but de ma démarche, qui ne m'est dictée par aucun intérêt personnel, mais uniquement par mon profond désir d'être utile non seulement à vous madame la marquise, mais encore à tout votre entourage !

« Je vais maintenant vous raconter sous le sceau du secret les raisons qui m'ont dicté de venir vers vous.

Très favorablement impressionnée par le langage et l'attitude du célèbre limier, dont elle connaissait d'ailleurs la valeur personnelle et la loyale probité, Mme de Tallemard reprit :

— Monsieur, vous pouvez parler en toute sécurité. Ainsi que vous semblez le souhaiter aucune indiscrétion ne sera commise par moi. Tout ce que vous allez me dire restera secret entre nous.

Très à son aise de se trouver ainsi en face d'une personne qui, au milieu de son immense chagrin, demeurait aussi maîtresse d'elle-même, Chantecoq reprit :

— Hier, madame, j'ai décidé de déclarer une guerre sans merci, à cet énigmatique

Tueur de femmes, qui a déjà causé tant de victimes, parmi lesquelles se compte, hélas ! Mme votre fille. Et voici pourquoi.

« Hier, j'ai acquis la certitude indiscutable qu'un mystérieux bandit avait assassiné une femme digne de tous les respects. Voici ce qui est arrivé.

« A la suite d'une enquête d'ailleurs très sommaire que j'ai faite aussitôt, après avoir établi la preuve que cette jeune personne était demeurée digne tout entière de l'amour qu'elle avait inspiré à son mari, j'ai constaté qu'elle n'était pas morte, ainsi que tous le croyaient, mais qu'elle était plongée dans un sommeil léthargique, ou, plutôt, cataleptique, qui la rendait semblable à un cadavre.

« Je me suis alors adressé à un grand savant, fort inconnu d'ailleurs, ainsi que trop de véritables génies.

« Sur ma demande, ce savant s'est rendu auprès de cette jeune femme et a réussi à la ramener à la vie.

« Je ne veux pas aborder, madame, une question qui ne me regarde pas, c'est-à-dire celle de la vie privée de votre fille et je me complais à croire qu'elle aussi est une victime innocente.

— Je vous remercie, monsieur, reprenait la marquise de Tallemard avec un accent de poignante émotion et elle ajouta aussitôt :

— Vous pensez, monsieur Chantecoq, que le savant, dont vous venez de me parler, consentirait à tenter sur ma pauvre fille l'expérience dont vous venez de me parler.

— J'en ai mieux que la conviction, la certitude. Je n'ai qu'à lui téléphoner, il s'em-

pressera d'accourir. Mais, peut-être auparavant, serait-il nécessaire de prendre l'avis de M. le baron d'Ormoix ?...

— C'est inutile, monsieur, ripostait la grande dame. Mon gendre n'est pas à Paris ; j'ignore même où il se trouve. Il est parti depuis plusieurs mois et, depuis ce moment, il ne nous a pas donné signe de vie. Il va donc apprendre la mort de sa femme par les journaux.

« Ah ! monsieur Chantecoq, tout cela est lamentable et je suis une pauvre mère très éprouvée... Je n'avais plus au monde que cette enfant et voilà qu'elle m'est ravie dans les circonstances les plus douloureuses que l'on puisse imaginer.

— Madame, me permettez-vous de téléphoner immédiatement au professeur Courtil ?

— Je vous en prie, monsieur, fit la marquise.

Le roi des détectives s'approcha d'un appareil téléphonique qui était placé sur une petite table. Il décrocha le récepteur, et il demanda le numéro du savant. Il l'obtint dans un assez bref délai, et il se contenta simplement de lancer :

— Allô ! Chantecoq... Je vous demande, mon cher Maître, de venir tout de suite, 37, rue de Bassano. Je vous attendrai devant la porte.

« C'est entendu, je vous remercie... Inutile de vous dire que tout restera secret.

Il raccrocha l'appareil, revint vers Mme de Talamard, qui sanglotait, et lui dit avec une expression déférente et sincère.

— Peut-être tout n'est-il pas perdu !... Je vous demanderai, madame, tout à l'heure, lorsque le professeur Courtil se présentera, de bien vouloir prendre les mesures nécessaires pour que lui et moi restions seuls dans la chambre mortuaire.

— Rien de plus facile déclarait Mme de Talamard. Ma fille est veillée par deux religieuses. Je vais les remplacer jusqu'au moment où arrivera votre ami, et je vous laisserai seul avec lui, ainsi que vous le désirez, auprès de ma pauvre enfant.

La marquise voulut se lever.

Elle paraissait si brisée que Chantecoq fit le geste instinctif de lui offrir le bras ; elle s'y appuya, et tous deux gagnèrent la chambre où était exposé le corps de la nouvelle victime du *Tueur de femmes.*

Tandis que Mme de Tallemard murmurait quelques paroles aux religieuses, qui, après s'être signées dévotement, disparurent comme deux ombres, Chantecoq regardait la jeune femme étendue parmi les fleurs.

Elle aussi était belle, très belle. Quelques heures auparavant, elle devait respirer la jeunesse, la gaîté, la vie. Mais, de son regard exercé et si pénétrant il eut tout de suite l'impression que son visage, beaucoup plus que celui de Marie-Louise Barrois, reflétait la mort, et il n'eut pas ce choc mystérieux, cette espèce d'intuition surnaturelle qu'il avait éprouvée en présence de Marie-Louise.

Une sorte de voix intérieure, au contraire, parut l'avertir que, cette fois, la victime n'était pas en catalepsie, mais qu'elle avait véritablement succombé. Cependant, il ne voulut rien laisser paraître de ses sentiments intimes, et se penchant vers Mme de

Tallemard, qui s'était écroulée sur un des prie-dieu que venait de quitter les religieuses, il lui dit à voix basse :

— Je m'en vais, madame, guetter l'arrivée du professeur.

— Et moi, murmura faiblement la pauvre femme, je vais prier Dieu, pour qu'il permette le renouvellement du miracle que vous m'avez raconté tout à l'heure.

Chantecoq fit un simple signe d'acquiescement, s'inclina devant la dépouille mortelle de la baronne d'Ormoix, et regagna l'antichambre où il se rencontra avec le maître d'hôtel, auquel il dit :

— Je vais revenir tout à l'heure avec quelqu'un. D'accord avec Mme la marquise, je vous demande de faire entrer tout de suite, ce monsieur et moi, dans la chambre où repose Mme la baronne d'Ormoix.

Le maître d'hôtel, un vieux Parisien avisé, se dit tout de suite :

« C'est certainement quelqu'un de la police ! »

Il s'empressa de déclarer à Chantecoq :

— C'est entendu, monsieur, Mme la Marquise m'avait donné l'ordre de vous recevoir immédiatement. Je ferai donc ce que vous me demandez.

Il reconduisit le limier jusqu'à la porte d'entrée, et Chantecoq se mit à faire les cent pas sur le trottoir.

Hanté par l'idée que, cette fois, il avait été mis en présence d'un cadavre, il songeait :

« Voilà qui est infiniment curieux... Ah çà ! est-ce que le *Tueur de femmes* aurait déjà appris que je me mêlais de cette affaire et que, grâce à l'intervention du professeur

Courtil, j'aurais réussi à ressusciter une de ses victimes ?

« Il faudrait, pour cela, qu'il possédât des moyens d'information d'une rapidité déconcertante. Enfin, je me trompe peut-être ; il se peut qu'après tout la baronne d'Ormoix ne soit pas plus morte que Mme Barrois, et il est inutile de se livrer à aucune conjecture, avant que le professeur Courtil soit là et ait prononcé son verdict. »

Chantecoq allumait une cigarette et achevait de la consumer, lorsqu'un taxi s'arrêta devant le 37 de la rue Bassano. Une portière s'ouvrit, et le professeur Courtil descendit de la voiture.

Chantecoq s'en fut vers lui et lui dit tout simplement :

— Vous pouvez régler votre taxi, je vous ramènerai dans ma voiture.

Le savant paya le chauffeur et dut lui donner un bon pourboire, car s'il n'obtint pas de remerciement, il ne reçut aucune invective.

Chantecoq, passant son bras sous celui du professeur, lui dit d'une voix brève :

— Tout est arrangé avec la famille qui se compose d'ailleurs d'une vieille maman fort distinguée et dont la douleur est affreuse... Vous n'avez qu'à me suivre.

Chantecoq se garda bien de communiquer à son interlocuteur ses impressions personnelles, afin de ne pas l'influencer et, après avoir sonné à la porte, tous deux pénétrèrent dans l'hôtel.

Ainsi qu'il s'y était engagé, le maître d'hôtel conduisit directement Chantecoq et son compagnon jusqu'à la chambre mortuaire. A leur vue, Mme de Tallemard se leva,

et sans avoir la force de prononcer une parole, elle répondit au salut que lui adressa le professeur Courtil par un regard tellement expressif qu'il eût attendri un cœur de pierre, et elle se retira, les épaules courbées et essuyant avec son mouchoir ses pauvres yeux rougis de larmes.

Le professeur Courtil s'approcha du corps de la baronne qu'il examina longuement. Il eut un léger haussement de tête ; puis, se retournant vers le roi des détectives, il lui dit :

— J'ai grand'peur de ne pas pouvoir arriver à ranimer cette malheureuse ; car j'aperçois déjà sur son visage quelques taches brunes, très légères, il est vrai, mais qui n'en sont pas moins des signes d'une décomposition prochaine.

« Peu importe ! Je m'en vais tout de même tenter l'expérience ; si elle ne réussit pas, cela ne sera pas de ma faute, et, cette fois, le *Tueur de femmes* aura tué vraiment.

Le savant se livra sur Mme Véra d'Ormoix à la même opération que sur Marie-Louise.

Quand elle fut terminée, après avoir replacé ses instruments dans sa trousse, le savant dit à Chantecoq :

— Nous n'avons plus qu'à attendre.

Au bout d'un quart d'heure, aucune manifestation d'existence ne s'était produite.

— Décidément, opina le professeur, ma première impression était la bonne. Il n'y a rien à faire.

« Ou nous sommes arrivés trop tard, ou l'assassin s'est servi d'un toxique, qui, cette fois, foudroie d'un seul coup.

— Attendons encore quelques instants, demandait Chantecoq.

— Si vous voulez.

Cinq minutes s'écoulèrent au bout desquelles la porte de la chambre se rouvrit, laissant apparaître la silhouette de la marquise.

Son regard, qui n'était plus obscurci par des larmes et qui brillait, au contraire, d'un fiévreux éclat, se dirigea, interrogateur et angoissé, vers les deux hommes qui continuaient à observer en silence la jeune femme, étendue parmi les fleurs.

Elle comprit tout de suite que la tentative n'avait pas réussi ; et, d'une voix brisée, elle fit :

— Elle est morte, n'est-ce pas ?

Le professeur Courtil répondit simplement :

— Hélas ! madame...

Chantecoq, l'air peiné, reprit :

— Pardonnez-moi, madame, si j'ai provoqué en vous une vaine espérance.

— Je ne vous en veux pas, monsieur. Je ne veux au contraire me souvenir que de l'intention généreuse qui vous a guidé.

Deux ombres silencieuses revenaient dans la chambre mortuaire : c'étaient les religieuses, qui, de nouveau, s'agenouillaient sur le prie-dieu. Mᵐᵉ de Tallemard à bout de force, se laissa tomber sur un fauteuil et la veillée funèbre recommença.

VII

MÉTÉOR ET SCHOLASTIQUE

Lorsque le roi des détectives confiait une mission à son secrétaire, celui-ci, ainsi qu'ont pu le constater nos lectrices et nos lecteurs, qui ont lu le *Mystère du train bleu, Une Maison hantée, Le Crime d'un aviateur, Zapata, L'Ogre amoureux, Le Fantôme du Père-Lachaise, Condamnée à mort*, etc., etc., ont pu se rendre compte avec quel zèle, quelle adresse, celui-ci s'en acquittait.

S'assimilant de plus en plus les méthodes de son maître envers lequel il professait une admiration aussi profonde que sincère, Météor commençait toujours par établir un plan non pas rigide, mais, au contraire, susceptible de toutes les modifications que peuvent nécessiter les circonstances imprévues, telles qu'on en rencontre toujours au cours d'enquêtes policières.

Il s'efforçait, tout d'abord, d'envisager la situation avec un sens absolu des réalités et interdisait rigoureusement à son imagination de donner sa mesure, avant qu'il fût documenté exactement sur le terrain où il allait s'engager.

En l'occurence, il avait commencé par relire la sténographie de la conversation que son maître avait eue la veille avec M. Maurice Barrois.

Puis, en quelques notes brèves et judicieuses, il avait résumé celles qu'il avait eues avec son patron.

Tout cela, évidemment, n'avait qu'un rapport très indirect avec le professeur Courtil. Cependant Météor avait compris la nécessité pour lui d'être en pleine possession de tous les éléments qui avaient précédé les tractations du roi des détectives avec le savant.

Il s'était fait cette judicieuse réflexion :

« Puisque le patron me demande de m'informer secrètement du passé de cet homme, de chercher à savoir pourquoi il y a un trou dans son existence et d'apprendre également ce que cet homme a fait pendant ce temps-là, c'est donc qu'il n'est pas entièrement sûr de lui.

« Qui sait même s'il ne le soupçonnerait pas d'être... »

Mais à peine cette idée avait-elle effleuré son esprit, que Météor, immédiatement, se disait :

« Mon ami, freinons vite ; ou nous allons nous emballer et sans doute à faux, ce qui serait lamentable.

« D'ailleurs, ainsi que me l'a toujours recommandé mon patron, je n'ai qu'à suivre ses directives, et je n'ai pas plus le droit de m'en écarter que de les dépasser.

« Je n'ai donc plus maintenant qu'à songer à la façon dont je vais m'y prendre pour pénétrer auprès de cette dame Scholastique. D'après le peu que m'en a dit le patron, elle me fait tout l'effet d'un Cerbère qui ne doit pas être facile à apprivoiser !

« Si encore elle était jeune et pas trop laide, on pourrait essayer de lui faire un brin de cour en se présentant à elle sous les traits d'un riche Américain ou d'un galant aviateur.

« Mais il paraît, comme on dit vulgairement, qu'elle a plutôt « gratté le fromage ».

« Alors il va donc falloir aviser autrement. Avant de l'aborder, tuyautons-nous sur elle ! »

Météor sortit, prit un taxi et se fit arrêter à l'entrée de la rue Bonaparte.

Après avoir payé le chauffeur, il s'en fut directement au 37 de la rue Bonaparte et se promena de long en large devant l'entrée de l'immeuble.

Il ne tarda pas à en voir sortir, un panier à provisions à la main, une vieille femme qui ressemblait d'une façon décisive au portrait que lui en avait fait Chantecoq.

Météor eut un sourire en biais, ce qui signifiait qu'il était content.

Puis, sans désemparer, il pénétra dans la maison et demanda à la concierge, du ton le plus naturel du monde :

— Madame, pourriez-vous me dire, s'il vous plaît, à quel étage demeure le professeur Courtil ?

— Au deuxième, à droite.

— Je vous remercie, madame, fit Météor. Il allait s'éloigner, lorsque la préposée au cordon, qui semblait d'ailleurs une fort aimable femme, lui dit :

— Inutile de vous déranger, monsieur, il n'y a personne chez le professeur Courtil. Le professeur est sorti depuis le début de l'après-midi, et sa bonne vient de partir aux provisions.

— Je vous remercie beaucoup, madame, répliquait Météor. Vous êtes vraiment bien aimable. Mais dites-moi, la bonne de M. Courtil ne va peut-être pas tarder à rentrer.

— Oh ! je ne vous conseille pas de l'attendre, car son absence peut être assez longue.

— Ah ! vraiment !

— Tous les jours, à cette heure-ci, après avoir fait ses courses, elle se rend à Saint-Sulpice, où elle reste au moins une heure à prier.

Et sans que Météor eût besoin de deman-

der à son interlocutrice la moindre explication, elle continua avec une volubilité et
une abondance qui montraient qu'elle était
douée du don de la parole et qu'elle était
sans cesse prête à en user :

— Mme Scholastique est plus que pieuse,
elle est bigote. Moi, je n'ai pas beaucoup de
croyances ; mais j'ai pour principe de respecter celles des autres.

« Je n'empêche personne d'aller à la
messe et je ne veux pas qu'on me force à y
assister.

« Mon mari est comme moi ; c'est vous
dire qu'on n'est pas des méchantes gens.

— Madame, complimentait Météor, désireux d'achever de se mettre dans les bonnes
grâces de la concierge, il me suffit de vous
voir et de vous entendre, pour être certain
que vous êtes la bonté même.

A ce compliment si direct, la concierge
bondit de plaisir ; car elle n'était pas inac-
cessible à la flatterie ; et, tout de suite, elle
reprit, donnant libre cours à sa faconde, qui
pourtant n'avait rien de méridional :

— Mme Scholastique n'est pas une mauvaise personne. Loin de là !

« Seulement, pour elle, il n'y a que les
curés qui comptent. Sans doute, parce
qu'elle a un fils prêtre...

— A Paris ? questionnait insidieusement
le disciple de Chantecoq.

— Oh ! mais non, répliquait son interlocutrice ; il est vicaire en Bretagne, à Vannes. Voulez-vous que je vous montre son
portrait sur une carte postale, c'est Mme Scholastique qui me l'a donné !

— Avec plaisir, déclarait Météor.

La concierge, qui répondait au nom de
Mme Dugazou, s'en fut au fond de la pièce,
ouvrit le tiroir d'une commode, s'empara
du portrait en question et l'apporta au secrétaire du détective, qui le regarda sans paraître y attacher d'ailleurs la moindre importance.

— Ah ! fit-il, en rendant l'image à sa propriétaire, il est vicaire à Vannes...

— Oui, déclara la concierge, à l'église de
Saint-Paterne.

Machinalement, Météor retourna la carte
postale, tout en disant :

— Il a l'air très bien. Il a une figure très
sympathique. Il doit être bon, lui aussi.

Et il parcourut les quelques lignes tracées
sur le dos de la carte à l'adresse de Mme Scholastique.

« Chère maman, c'est aujourd'hui l'anni-
« versaire de la mort de mon père ; je m'en
« vais faire dire une messe à son intention.
« Je pense bien à toi et je t'envoie ma plus
« tendre pensée. Mon confrère et ami l'abbé
« Vergeon va aller à Paris dans un mois
« environ. Il ira te dire bonjour de ma part,
« car je lui ai tellement parlé de toi, qu'il
« désire te connaître.
« Je t'envoie toute ma pensée filiale et la
« meilleure.
« Ton fils.
      « Pierre-Jean MÉRIADEC. »

Météor vérifia la date de la lettre et constata qu'il y avait quinze jours environ
qu'elle avait dû parvenir à sa destination.

Il rendit la carte postale à Mme Dugazou,
tout en lui disant :

— Evidemment, Mme Scholastique a peut-être une dévotion un peu exagérée. Mais les témoignages que lui prodigue son fils semblent établir que c'est une très honnête et digne femme.

— Ça, par exemple, j'en réponds, s'écriait la concierge. Et dévouée à son maître ! Elle est à son service depuis plus de trente ans. Son mari était valet de chambre dans la maison. Il paraît que le professeur Courtil est beaucoup plus riche qu'il en a l'air !

« Ah ! celui-là, en voilà un phénomène ! Quel numéro ! Il n'a pas l'air fier, et il ne l'est pas sûrement, puisqu'il ne veut s'occuper que des pauvres et qu'il soigne tout le monde à l'œil.

« Mais, quant à lui arracher une parole, c'est comme si on demandait à la tour Eiffel de se transformer en église du Sacré-Cœur.

« Des fois, il passe à côté de vous sans vous dire bonjour. On ne peut pas lui en vouloir ; il est comme les savants, c'est-à-dire qu'il ne pense qu'à ce qu'il y a en lui.

« Aussi, je ne fais même pas attention à ce qu'il raconte.

« Mme Scholastique, qui vient de temps en temps bavarder avec nous, — car pour ainsi dire il ne lui adresse jamais la parole, — me disait encore hier soir que ce n'est même pas la peine de lui faire de la bonne cuisine, puisqu'il n'est pas capable de distinguer une mauvaise côtelette brûlée d'un bon bifteck aux pommes.

« Il mange pour manger, il boit pour boire. En dehors de ses malades, il ne reçoit personne, il ne va nulle part, il est toujours plongé dans ses bouquins. Il faut vraiment avoir le dévouement chevillé dans le cœur pour rester au service d'un pareil maboul.

Mme Dugazou allait continuer ses confidences, mais Météor jugea sans doute qu'il en avait suffisamment appris, car, coupant net au torrent verbal de la préposée au cordon, il fit :

— Je vous remercie beaucoup, madame, de votre aimable accueil ; je reviendrai à un autre moment.

Après avoir salué poliment Mme Dugazou, il se retira, sans lui donner le temps d'entamer une nouvelle période.

Vite, il prit un nouveau taxi et regagna l'avenue de Verzy.

Vingt minutes après, il en ressortait, revêtu d'un vêtement ecclésiastique qui lui donnait tout à fait les allures d'un jeune prêtre de province.

Le camouflage était complet. Météor n'avait rien oublié, pas même son bréviaire.

Le costume et ses différents accessoires, il les avait trouvés dans l'inépuisable répertoire à travestissements que possédait Chantecoq ; en comédien né qu'il était, il avait ajouté l'allure, l'attitude, la physionomie indiscutable pour donner au personnage qu'il incarnait tout à fait l'aspect d'un authentique vicaire.

Toujours en taxi, il regagna la rue Bonaparte et se fit arrêter devant le 37.

En passant, il jeta un coup d'œil dans la loge de la concierge qui était occupée à préparer son repas du soir. Il jugea donc inutile de la déranger et il gravit promptement les deux étages, qui conduisaient à l'appartement du professeur.

Il sonna discrètement ; rien ne répondit.

« Diable ! se dit Météor, est-ce que par hasard, elle serait encore en extase devant l'autel de la sainte Vierge ? »

Cependant il lui avait semblé entendre, comme il collait son oreille contre la porte, un bruit de savates que l'on traîne, provenant de l'appartement.

Il resonna un peu plus fort. Rien encore !

« Que je suis bête ! se dit-il ; j'avais complètement oublié que la mère Scholastique était sourde. »

Pour la troisième fois, il agita, mais violemment, la sonnette d'ailleurs fêlée.

Cette fois, Scholastique entendit et s'en fut ouvrir.

A la vue de ce jeune ecclésiastique, à la figure candide et aux manières onctueuses, la pauvre vieille joignit les mains comme si elle voyait apparaître le bon Dieu.

Très satisfait de l'effet qu'il produisait sur celle dont il voulait tirer le maximum possible de renseignements, Météor, imperturbablement, se présentait, en élevant la voix :

— Je suis l'abbé Vergeon.

La figure de Scholastique s'épanouit.

— L'abbé Vergeon, répéta-t-elle, en cessant de joindre les mains, l'ami de mon fils ?

« Soyez le bienvenu ; je ne vous attendais pas si tôt !

Météor expliquait :

« Chère madame, j'ai dû avancer mon voyage de quelques jours. Je suis arrivé ce matin, et je n'ai pas voulu tarder davantage à vous apporter tous mes hommages, en même temps que les meilleures nouvelles de votre fils.

— Comme vous êtes bon ! s'écriait Mme Scholastique. Je ne veux pas vous laisser ainsi dans l'antichambre.

Et, tout en fermant la porte d'entrée qui était restée ouverte, elle fit :

— Voulez-vous venir avec moi au salon ?

Météor s'excusait :

— Je ne voudrais pas être opportun, ni déranger le professeur Courtil.

Scholastique répétait :

—·M. le professeur n'est pas là, et, d'après ce qu'il m'a dit, il ne rentrera pas tout de suite.

« D'ailleurs, il sera très content de vous voir. Il est le parrain de mon garçon ; il l'aime beaucoup ; comme vous êtes son confrère et son ami, je suis persuadée que, bien qu'il ne soit pas très aimable avec le monde, il vous ferait le meilleur accueil.

Et, tout en lui ouvrant la porte du salon d'attente, elle ajouta :

— Entrez donc, monsieur l'abbé ; je vous en prie, faites comme chez vous.

Elle offrit un siège au visiteur et demeura debout ; mais avec beaucoup de déférence, le faux abbé Vergeon lui disait :

— Je vous en prie...

La vieille servante s'installa sur le bord d'une chaise ; et, tout en considérant son interlocuteur avec un air attendri, elle fit :

— Bien heureuse de vous connaître.

« C'est très curieux, j'ai reçu ce matin une lettre assez longue de mon fils, et il ne me parle pas du tout de votre arrivée.

Cette allégation, qui aurait pu en gêner beaucoup d'autres, ne parut nullement embarrasser l'élève de Chantecoq.

Sur le ton le plus naturel du monde, il fit :

— Cela n'a rien d'extraordinaire, madame, car ce n'est qu'hier soir, vers six heures, que M. le curé de la cathédrale m'a déclaré que je partais pour Paris.

« Sans doute, la lettre de mon confrère aura-t-elle été écrite et mise à la poste par lui avant que M. le Curé m'eût communiqué sa décision.

— Ah ! c'est cela certainement.

Il y eut un léger silence. Météor en profita pour jeter autour de lui un rapide regard, et Mᵐᵉ Scholastique reprit :

— Alors, il va bien mon petit ?

Tout de suite, elle ajouta :

— Excusez-moi de l'appeler ainsi, mais c'est une habitude que j'ai prise depuis sa naissance, et je crois que si je vivais encore lorsqu'il aura soixante ans, je l'appellerais toujours mon petit.

Cette manifestation si sincère d'amour maternel ne pouvait que causer à Météor une impression excellente ; car il était doué d'un très bon cœur et, souvent, il avait dû, au cours de ses enquêtes précédentes, lui imposer silence afin de ne pas se laisser aller à des pitiés dangereuses.

D'ailleurs, sa conscience se rassura aussitôt. Il ne cherchait nullement à duper cette femme ; il voulait simplement obtenir de sa bouche les renseignements qui intéressaient son patron et, tout en n'attirant aucun ennui à cette femme, accomplir son devoir professionnel sur la recherche de la vérité, dans l'intérêt même de la justice.

Redevenu entièrement maître de lui, il poursuivit :

— Je comprends, madame, que vous soyez si tendrement attachée à votre fils. Il le mé-

rite entièrement, car c'est un des plus nobles cœurs qu'il m'ait été donné de rencontrer en ce monde.

— N'est-ce pas ? s'écriait Scholastique ravie.

Météor poursuivait :

— Je n'ai pas besoin de vous dire combien, de son côté, il vous est tendrement attaché. Il n'a qu'un rêve : c'est d'être nommé curé le plus tôt possible, même dans une petite paroisse, et afin de vous appeler près de lui.

« Cela lui pèse beaucoup de se dire que vous êtes en place et que, surtout, vous n'êtes peut-être pas toujours très heureuse.

— Oh ! fit Scholastique, le professeur est très bon pour moi ; jamais il ne m'adresse aucun reproche, aucune réprimande ; je puis même dire qu'il me laisse faire tout ce que je veux. Le fait est qu'il ne parle pas beaucoup.

— C'est ce que m'a dit l'abbé Pierre.

— Il a dû vous dire aussi que ce n'était pas trop de sa faute. Il paraît que M. Courtil a été très malheureux.

— Votre fils m'a raconté aussi que c'était un très grand savant.

— Pour sûr, accentuait la servante. Je crois même qu'il n'y en a pas beaucoup en France qui lui arrivent à la cheville ; c'est pour cela que ses collègues lui ont fait tant de mistoufles.

Tout en soupirant, Scholastique ajouta :

— Si jamais il n'y avait eu que cela, mon Dieu ! il aurait lutté, il aurait même triomphé ; c'est un homme qui n'a pas seulement de la science en lui, mais aussi une volonté comme on n'en voit pas souvent... Pierre vous a peut-être dit...

Elle s'arrêta en une attitude interrogatrice. Adroitement Météor reprenait :

— Votre fils, en effet, m'a fait allusion à certains chagrins intimes.

Comme si elle éprouvait une satisfaction ou plutôt un soulagement à parler avec quelqu'un qu'elle jugeait capable de la comprendre, la vieille servante poursuivit :

— Vous ne pouvez vous imaginer ce que mon maître a souffert ! A vous, je peux bien le dire ; car vous êtes habitué à recevoir des confidences et à garder les secrets. Eh bien ! il y en a un terrible dans la vie de M. le professeur ; je le connais ; mon fils le connaît aussi.

Et tout en baissant la voix, en se penchant vers le faux abbé Vergeon, qui, les yeux baissés, la figure grave, réfléchie, avait tout à fait l'attitude d'un prêtre qui se prépare à entendre une confession, Scholastique, qui se serait fait hacher plutôt que de dire un mot à ce sujet, même à l'un de ses plus intimes amis, fit d'un air convaincu :

— A vous je peux tout raconter, car un prêtre, ce n'est pas la même chose et, au moins, vous serez un de plus à prier pour que ce pauvre homme n'ait pas une fin d'existence trop malheureuse et qu'il finisse non pas par oublier son infortune, mais tout au moins par s'en consoler, en cessant d'être un mécréant pour devenir un bon chrétien.

— Parlez, madame, invitait le faux vicaire avec un air de componction admirable.

Scholastique développa :

— M. le professeur Courtil avait épousé dans le temps, à Nancy, une jeune femme très riche et très jolie. Cela avait été un mariage non pas d'intérêt, mais d'inclination.

« Tant qu'ils vécurent tous deux dans cette ville, où j'étais à leur service, ainsi que mon pauvre défunt mari, le ménage alla à merveille et, lorsqu'ils vinrent se fixer à Paris, je m'aperçus au bout d'un certain temps que les choses allaient moins bien. Oh ! pas du côté de Monsieur, qui était aux petits soins pour Madame, mais plutôt du côté de Madame, qui était toujours sortie, en visite, en promenade, et qui ne s'occupait plus de son intérieur.

« D'abord, Monsieur ne dit rien, mais il était facile de s'apercevoir qu'il souffrait beaucoup.

« Bientôt, des discussions éclatèrent entre eux. Je n'ai jamais eu l'habitude d'écouter aux portes, d'abord, parce que je suis discrète et puis, j'ai toujours été un peu dure d'oreille ; mais, ça, j'en suis sûre, ils n'étaient pas d'accord !

« Mon pauvre défunt mari, qui, lui, était valet de chambre et entendait plus clair que moi, me disait que Monsieur reprochait à Madame de sortir trop souvent toute seule, de ne pas lui dire où elle allait et, surtout, de refuser de se promener avec lui.

« Cela dura bien trois ou quatre ans, lorsqu'un soir, en rentrant, il trouva Madame, étendue dans sa chambre, au pied de son lit.

« Il nous appela vite ; nous crûmes tout d'abord qu'elle n'était qu'évanouie, mais elle était morte, bien morte, puisque trois jours après on l'enterrait à Nancy dans le tombeau de sa famille.

« Monsieur manifesta un chagrin tellement violent que, pendant quinze jours,
nous crûmes qu'il allait mourir : mais sa ro-
buste constitution reprit le dessus ; alors, il
décida qu'il irait vivre en province et qu'il
se retirerait entièrement du monde.

« Je lui offris de l'emmener dans notre
pays en Bretagne où nous lui ferions la vie
très douce.

« Il n'avait pas une énorme fortune, car,
bien que sa famille l'ait institué par testa-
ment son légataire universel, il tint à res-
tituer à la famille de la défunte toute la
grosse dot qu'il avait reçue.

« Comme il avait vendu quelques brevets,
quelques inventions à des grosses maisons
de produits pharmaceutiques, il n'était pas
dans la gêne. Je n'ai pas compté sa bourse,
mais j'ai idée qu'il doit avoir environ une
centaine de mille francs de rente.

« Comme il ne dépense pour ainsi dire
rien pour son usage personnel, je suis bien
sûre qu'il met de l'argent de côté et qu'il en
donne aux malheureux, ce qui est plus probable ; car, sous ses apparences froides, gla-
ciales, il est la bonté même !

« Enfin nous partîmes avec lui dans notre
pays, à Rosporden où il loua une maison
avec un grand jardin. Il fit construire une
espèce d'atelier, qu'il appelait son laboratoire ; là, il s'enfermait depuis neuf heures
du matin jusqu'à midi et de une heure de
l'après-midi jusqu'à sept heures du soir et il
travaillait, travaillait... pour oublier bien
sûr.

« Mais je crois qu'il n'y est pas arrivé ;
car, des fois, je l'ai surpris en train de s'es-
suyer les yeux, comme s'il venait de pleurer

et qu'il voulait nous cacher ses larmes.

Cela a duré des années, jusqu'au jour, il y
a de cela quatre ans, où M. le professeur est
venu s'installer à Paris dans cet appartement. Un an après, je perdais mon pauvre
homme. Je suis restée toute seule, avec mon
patron.

« Il n'a plus que moi au monde, et pour
des millions, je ne voudrais pas l'abandonner.

— C'est très beau de votre part, répondit
le faux abbé Vergeon. Je ne puis, madame,
que vous féliciter de votre dévouement, car,
surtout depuis la mort de votre pauvre
mari, la vie n'a pas dû être pour vous très
agréable.

— Oh ! j'ai mon fils pour me consoler. Je
ne le vois pas très souvent, mais je pense à
lui sans cesse. Il m'écrit de si belles lettres
qu'il me semble que je l'entends parler. Je
lui réponds de mon mieux, et nous causons
ainsi à distance.

« D'ailleurs, pour rien au monde, je ne
voudrais jamais laisser seul M. le professeur. J'ai la consolation d'avoir mon fils
pendant toutes ses vacances, qu'il vient passer près de moi, et c'est toujours ça...

« D'un bout de l'année à l'autre, je vis
dans l'espoir qu'il va venir. Cela m'empêche
de m'ennuyer, car je suis bien seule ici...

— Le fait est que vous ne devez pas voir
beaucoup de monde.

— En dehors des clients, il ne vient jamais personne. D'ailleurs, c'était absolument la même chose quand nous étions à
Rosporden.

« Jamais Monsieur n'adressait la parole
au monde, jamais il ne sortait ; il se conten-

tait de se promener dans son jardin, quand il faisait beau.

« Bien des fois, mon mari et moi, nous lui demandions s'il n'avait pas envie d'aller faire un tour à la campagne jusqu'à la mer.

« Il nous répondait non, en secouant tristement la tête. Alors, nous n'osions pas insister, parce que quand nous lui parlions de cela, il était encore plus triste qu'avant !

« La vérité est que M. le professeur ne s'est jamais consolé de la mort de Madame, et qu'il ne s'en consolera jamais.

Sans doute, Météor avait-il appris tout ce qu'il voulait savoir, car il se leva et dit :

— Madame, je vous demande pardon de vous avoir retenue si longtemps...

Scholastique déclarait :

— Je suis très satisfaite, au contraire, que vous soyez venu me rendre visite. Cela m'a permis de parler de mon fils avec vous, et comme vous le verrez certainement plus vite que moi, vous serez bien aimable de lui dire, monsieur l'abbé, que je me porte bien et que je pense toujours à lui.

— Madame, la commission sera faite, répondait Météor.

Et il serra avec respect la main que lui tendait la vieille servante qui, de son côté, le reconduisit jusqu'à la porte, tout en lui renouvelant ses recommandations à l'égard de son fils. Météor regagna la rue, sauta dans un taxi et se fit reconduire allée de Verzy, au domicile de Chantecoq. Mais le roi des détectives n'était pas encore rentré chez lui. Météor en profita pour se déshabiller, se décamoufler et reprendre son visage

et son costume habituels, et il attendit le retour de son patron.

A huit heures, le grand limier n'avait pas encore reparu. Météor commença à en concevoir quelque inquiétude.

Il s'en fut trouver Pierre Gautrais, et lui demanda si celui-ci n'avait pas reçu, dans l'après-midi, quelques communications de son maître, l'avisant qu'il ne dînerait pas ou qu'il serait en retard.

Le valet de chambre expliqua que non, mais il n'y avait pas lieu de se tourmenter.

A huit heures et demie, Chantecoq n'était toujours pas là. Un soupçon terrible naquit soudain dans l'esprit de Météor, soupçon qui se traduisit par ces paroles, prononcées à mi-voix :

« Pourvu que le *Tueur de femmes* n'ait pas appris que le patron s'est mis à sa poursuite et qu'il n'ait pas réussi à lui faire une piqûre mortelle ! »

Il cherchait à se rassurer, en se disant :

« Si un pareil malheur était arrivé, on le saurait déjà. »

Soudain, une voix joyeuse lança tout près de lui :

— Mais oui, on le saurait mon brave petit.

Météor tressaillit d'allégresse ; son patron venait de pénétrer dans le studio et, s'approchant de son secrétaire, il fit, en lui mettant amicalement la main sur l'épaule :

— Ah çà ! est-ce que tu te figures que, par hasard, je ne suis plus capable de me défendre ?

— Oh ! si, patron, ripostait énergiquement Météor.

« Jamais vous n'avez été aussi en

forme... Seulement, voilà, j'ai tellement d'affection pour vous que, quand nous sommes séparés, mon imagination bat la breloque, et que je me figure toujours un tas de choses.

— Tu as tort, mon cher garçon, répliquait le grand limier ; tu dois savoir pourtant que je suis un homme de précaution, que je ne m'embarque jamais à la légère...

« La crainte que tu as eue, je l'ai eue, moi aussi, et, à l'heure qu'il est, je me suis arrangé pour être à l'abri de toute piqûre, même d'abeille... Je t'expliquerai ça tout à l'heure, car il est nécessaire que tu sois aussi préservé que moi-même.

— Patron, vous pensez toujours à tout !

Chantecoq, allégrement, déclara :

— Je crois qu'il serait temps de nous mettre à table ; car le fricot de Marie-Jeanne doit en avoir assez d'attendre.

« Après dîner, nous reviendrons ici ; tu me raconteras le résultat de ton enquête et je te mettrai ensuite au courant de tout ce que j'ai fait cet après-midi.

Chantecoq appuya sur un bouton d'une sonnerie électrique qui correspondait directement à la cuisine... C'était le signal convenu pour prévenir le cordon bleu que l'heure des agapes avait sonné.

Chantecoq et son secrétaire se rendirent à table et firent honneur à l'excellent consommé, à l'omelette, aux tranches de viande froide et à la salade qui leur furent servis... Ils ne laissèrent pour ainsi dire rien de la croûte aux fruits qu'on leur avait apportée au dessert.

Pendant ce repas, Chantecoq ne fit en rien allusion à l'affaire en cours. Météor en diag-

nostiqua qu'il était très satisfait des résultats obtenus et il s'en réjouit lui-même. La dernière bouchée avalée, Chantecoq regagna son studio avec son collaborateur et, s'installant sur un fauteuil, il alluma tranquillement sa pipe et dit à Météor :

— Tu as la parole.

Avec une fidélité toute sténographique, le disciple de Chantecoq fit à ce dernier le récit exact, complet et détaillé, de son entrevue avec la vieille Scholastique.

Généralement, lorsqu'il avait terminé, son patron lui demandait :

— Qu'est-ce que tu en conclus ?

Cette fois, le grand policier privé, qui l'avait écouté avec une attention des plus soutenues, garda un silence absolu.

Très ennuyé, Météor, se demandait :

« Est-ce que, par hasard, j'aurais loupé la commande ? Est-ce que j'aurais mal accompli ma mission ? Le patron n'a pas l'air content du tout... »

Météor se trompait, car, tout à coup, Chantecoq se levait :

— Maintenant, je suis fixé sur bien des points obscurs qui m'ennuyaient un peu... Oui, c'est bien ce que je pensais. Seulement, cela va être dur, très dur même, et je me demande comment je vais le prendre en flagrant délit ; car il doit se tenir sur ses gardes... Enfin, nous verrons.

Et, tout en se levant, il ajouta :

— Maintenant, mon petit Météor, à mon tour de te raconter ce que j'ai fait. Comme tu es appelé à jouer un rôle important dans cette affaire, il est indispensable que tu sois tenu au courant de tout.

Les yeux de Météor brillèrent d'une façon

intense... Le fait est que les dernières paroles de son patron l'avaient d'autant plus plongé dans l'allégresse qu'elles étaient la preuve indiscutable que, moins que jamais, le roi des détectives lui marchandait sa confiance.

Chantecoq reprit :

— Ce matin, je me suis rendu chez la baronne d'Ormoix, une des dernières victimes du *Tueur de femmes*. J'ai réussi à la voir sur son lit de mort et, bien que j'eusse l'impression ou plutôt l'intuition que j'avais un cadavre en face de moi, je n'ai pas hésité un seul instant à mander le professeur Courtil.

« Celui-ci, ainsi qu'il me l'avait promis, s'est empressé d'accourir à mon appel. Lui aussi m'a tout de suite déclaré qu'il avait la même conviction que moi. Néanmoins, il s'est livré sur la baronne d'Ormoix à la même expérience que sur Marie-Louise Barrois. Malheureusement, elle n'a pas réu La pauvre femme était bien morte.

« De là, nous nous sommes rendus successivement chez les quatre autres femmes, qui avaient succombé le même soir dans le fameux dancing des **Champs-Elysées et nous** avons constaté qu'il était impossible de les rappeler à la vie.

« Toutes ces démarches nous ont demandé beaucoup de temps. J'ai dû reconduire en voiture chez lui le professeur Courtil, et voilà pourquoi je suis rentré si tard.

« Maintenant, je serais curieux de savoir quelle déduction tu tires de ces faits nouveaux, dont, je suis sûr, la gravité ne t'aura pas échappé.

— Patron, je vous avoue franchement que je préférerais que vous me disiez votre opinion là-dessus plutôt que de vous formuler la mienne.

— Pourquoi ?

— Parce que j'ai peur de dire des bêtises.

— Qu'est-ce que tu en sais ? Tu peux, au contraire, par tes réflexions, attirer mon attention sur des points que je n'aurais pas encore étudiés.

« Et puis, comment jugerais-je de tes progrès si, de temps en temps, je ne te fais pas passer un petit examen ?

— Ça, patron, vous avez absolument raison, et je n'ai plus le droit de me faire tirer l'oreille... Ce que je pense, ah ! c'est bien simple : c'est qu'ainsi que vous l'avez déjà deviné, le *Tueur de femmes* aura été prévenu que vous aviez fait ressusciter une de ses victimes par le professeur Courtil et que, dans ces conditions, il aura jugé inutile de compliquer leur supplice, en les faisant enterrer vivantes, et qu'il aura jugé préférable de les expédier instantanément dans l'éternité.

— Jusqu'ici, reprenait Chantecoq, nous sommes tout à fait d'accord. Maintenant, continue :

— Patron, vous me voyez très embarrassé. Maintenant, je ne trouve rien à vous dire, je nage ; il faudrait que je réfléchisse...

Chantecoq, en souriant, demandait :

— Tu n'as pas été surpris que le *Tueur de femmes* ait été aussi rapidement mis au courant de la résurrection de Mme Marie-Louise Barrois ?

— C'était justement, patron, ce que j'étais en train de me dire. En effet, il s'est à peine écoulé quelques heures entre l'attentat dont

M#### Barrois a failli être victime, et ceux qui se sont produits au dancing de l'avenue des Champs-Elysées.

— Bien, approuvait le grand limier, et après ?

— Après ? Dame ! patron, voilà que je m'embrouille encore... et cependant, il y a quelque chose qui me trouble et, certainement, c'est une question que vous avez dû vous poser vous-même... Comment le *Tueur de femmes* peut-il bien savoir que les femmes qu'il frappe ont trompé leur mari ?

— Evidemment, concédait Chantecoq, c'est un point très curieux et très troublant, et qui tendrait à prouver que notre bandit mystérieux a de nombreux informateurs et, pourtant, j'hésite à le croire, mon flair me dit que ce gredin travaille seul ; d'ailleurs, comme tu le disais si bien tout à l'heure, mon brave petit, inutile de nous embarrasser dans les feux de file. Le plus important n'est pas de savoir par quel moyen le *Tueur de femmes* se documente sur la culpabilité de celles qu'il entend sacrifier... Tout cela, c'est lui seul qui nous le dira ; l'important, c'est de savoir qui il est, et, surtout, d'avoir une preuve si évidente de sa culpabilité, qu'il ne puisse pas échapper à la guillotine ou à la maison de santé.

« Criminel ou dément il faut absolument lui interdire, dans le plus bref délai possible, les fonctions sinistres qu'il s'est attribuées.

— Patron, vous parlez d'or. Seulement, voilà, c'est que je ne vois toujours pas comment le découvrir, le pincer.

— Il s'agit d'abord, ripostait le détective, de procéder par déduction. Pour cela, il faudrait d'abord savoir si, depuis ce matin dix heures jusqu'à ce soir neuf heures, le *Tueur de femmes* a fait d'autres victimes ?

— Rien de plus facile, déclarait Météor. Vous n'avez qu'à téléphoner à votre ami M. Lereni, le nouveau directeur de la police judiciaire, et je suis sûr qu'il se fera un plaisir de vous renseigner.

— J'y pensais, reprenait le roi des détectives ; mais je ne voudrais pas que la police officielle apprît que je me mêle de cette histoire.

« Je préfère attendre demain matin la lecture des journaux, qui me renseigneront exactement à ce sujet.

— Ainsi que toujours, patron, vous avez raison, répliquait le jeune secrétaire.

Et, comme s'il éprouvait le besoin de se rafraîchir le cerveau, Chantecoq dit à son élève :

— Si nous allions dans la salle de billard, nous pourrions nous livrer à quelques séries de carambolages. Cela nous reposerait les méninges et nous dégourdirait les jambes.

— Avec plaisir, patron, acceptait l'excellent Météor.

A peine avait-il prononcé ces mots que l'on frappait à la porte.

— Entrez, fit Chantecoq.

Pierre Gautrais apparut. Il apportait sur un plateau une carte qu'il présenta au grand limier. Celui-ci s'en empara et lut le nom tracé sur le bristol :

— Ah ! ça, par exemple, s'exclama-t-il, elle est bien bonne ! C'est le cas de dire, ainsi que le proverbe, quand on parle du loup, on en voit la queue.

Et se tournant vers Météor, il fit :

— Remettons notre partie de billard à un autre moment ; car je vais recevoir mon excellent ami Lereni, qui vient de me faire passer sa carte.

— Ah ! ça, c'est rigolo !

Chantecoq reprenait :

— Comme on ne sait jamais ce qui peut arriver, et bien que j'aie une confiance absolue dans la loyauté de ce cher directeur, je vais te prier de prendre ton poste d'observation habituel, de t'emparer de ton bloc-notes, de ton crayon, et de prendre en sténo toute la conversation qui va avoir lieu avec cet excellent fonctionnaire et moi.

— Entendu, patron, appuya le secrétaire.

Et, pivotant sur lui-même, Météor parut se volatiliser dans les airs.

Chantecoq ordonnait à Pierre Gautrais :

— Faites entrer M. Lereni.

Tandis que le valet de chambre s'en allait exécuter ses ordres, Chantecoq murmura :

« Je me doute, ou plutôt je sais pourquoi ce cher ami vient me rendre visite. Il croit m'étonner. Eh bien ! je crois que c'est moi qui vais le surprendre encore davantage... En tout cas, s'il vient pour me demander des renseignements, je les lui donnerai avec plaisir, mais je crois que c'est lui plutôt qui m'en fournira. »

VIII

LES DEUX POLICES

Ainsi que nos lectrices et nos lecteurs ont pu s'en rendre compte au cours de ce récit, ainsi que de plusieurs autres, l'auteur de ces lignes, chargé de faire connaître au public les hauts faits d'un détective privé, a toujours été le premier à rendre hommage à la police officielle.

Jamais il n'a laissé passer l'occasion de mettre en lumière la valeur professionnelle de ses représentants et de rendre hommage au courage, à la probité, aux sentiments d'honneur qui caractérisent, sauf de rares exceptions, du plus petit au plus grand, ces précieux auxiliaires de la société.

Nous n'avons jamais voulu, en outre, confondre notre ami Chantecoq avec certains des chefs plus ou moins honorables de ces officines qui, fondées sous les spécieux prétextes de recherches dans l'intérêt de la sécurité des familles, sont beaucoup trop souvent de véritables boîtes, car autant la police privée, quand elle est représentée par des honnêtes gens — et cette corporation en compte beaucoup plus qu'on ne le croit peut-être — mérite notre estime et notre sympathie, autant, quand elle a pour directeurs des individus tarés, qui ne cherchent qu'à profiter des malheurs, des erreurs et des vices de nos contemporains, elle doit être traquée sans pitié et supprimée comme un véritable foyer de contagion.

Qu'on nous pardonne cette déclaration de principe ; elle était absolument nécessaire à établir avant la scène que nous allons reproduire.

En effet, si Chantecoq représentait le type idéal du détective privé, M. Lereni était, de son côté, la personnification même du parfait policier officiel.

Agé de quarante ans environ, doué d'aptitudes et de connaissances professionnelles qui l'avaient irrésistiblement porté aux si importantes fonctions qu'il occupait, d'ailleurs avec un rare mérite et un juste succès, M. Lereni était, en outre, un homme extrêmement courtois et cultivé.

Très maître de lui, il ne se mettait jamais en colère et il ne s'énervait même pas, lorsqu'il se trouvait en présence de faits ou d'actes, qui auraient pu lui inspirer un légitime mouvement d'humeur ou même une irritation des plus explicables.

En cela, il ressemblait beaucoup à Chantecoq, sous les ordres duquel il avait servi, lorsque le roi des détectives occupait un poste important à la Sûreté générale.

L'élève avait gardé à son maître, auquel il devait tout, une profonde reconnaissance et une sincère amitié.

De son côté, Chantecoq l'appréciait infiniment et avait toujours conservé avec lui des relations empreintes de la plus franche cordialité.

Parfois, lorsque M. Lereni avait à élucider un cas embarrassant, il venait demander conseil à celui qui l'avait initié à l'art si difficile de poursuivre les malfaiteurs et de les arrêter.

Aussi le grand limier n'avait-il pas été quelque peu surpris, en constatant qu'au sujet de cette affaire du *Tueur de femmes*, qui était l'une des plus extraordinaires et des plus ardues qui se fussent produites depuis de nombreuses années, M. Lereni ne fût pas encore venu le trouver. Et il se disait :

« Pour qu'il s'y soit décidé aussi tard, il faut qu'il se soit passé quelque chose de nouveau ou d'anormal... A moins que... »

Chantecoq cessa de réfléchir...

M. Lereni s'avançait vers lui, la main tendue...

— Bonsoir, mon cher maître, attaqua-t-il. Excusez-moi de vous déranger à pareille heure...

Tout en échangeant avec lui un vigoureux shake-hand, Chantecoq reprenait :

— Vous savez bien, mon cher ami, qu'ici vous avez toujours été et vous serez toujours le bienvenu.

— Je le sais, reprenait le directeur de la police judiciaire... et je regrette vivement que le temps me manque pour venir vous rendre de plus fréquentes visites, car, chaque fois que je vous vois et que je puis causer avec vous, ne fût-ce que quelques instants, j'apprends toujours quelque chose...

— Mon cher Lereni, se dérobait Chantecoq, toujours modeste, je vous assure que vous exagérez...

— Pas du tout, protestait le policier officiel. Mais ne croyez pas que je suis ici pour vous prodiguer des compliments... non... Je suis venu vous consulter..

— Au sujet de l'affaire du *Tueur de femmes ?*

— Ainsi que je m'en suis aperçu depuis longtemps, on ne peut rien vous cacher...

Lereni reprenait, en souriant :

— Je l'aurais fait beaucoup plus tôt, si, de différents côtés, on ne m'avait affirmé que vous vous en désintéressiez entièrement...

— C'était exact, reconnaissait Chantecoq...

— Mais cela ne l'est plus...

— Parfaitement.

Les explications étaient claires et faciles entre deux hommes d'une telle trempe et d'un tel caractère, qui se connaissaient d'ailleurs à fond et professaient l'un envers l'autre, en plus d'une solide affection, une estime qui se doublait chez le cadet d'une déférence et d'une admiration sincères.

M. Lereni reprit aussitôt :

— J'ai appris qu'hier, grâce au concours d'un savant dont le nom m'était jusqu'à ce jour inconnu...

— Le professeur Courtil ?

— C'est cela même... Vous aviez accompli le miracle de ressusciter l'une des victimes du *Tueur de femmes*.

— Comme toujours, mon cher directeur, vous êtes admirablement renseigné, déclarait le roi des détectives, sans la moindre ironie.

« Mais ce que vous ignorez peut-être c'est qu'aujourd'hui nous avons été beaucoup moins heureux, et que les cinq dernières victimes de cet effroyable bandit, c'est-à-dire celles qui ont été assassinées par lui avant-hier soir dans le dancing de l'avenue des Champs-Elysées, étaient, hélas ! bien mortes et qu'il nous a été impossible de les ranimer.

— Je le savais également, affirmait M. Lereni avec franchise.

— Mes compliments...

— N'allez pas croire que je vous ai fait filer...

— L'auriez-vous fait que vous eussiez été strictement dans votre droit...

Le directeur de la police judiciaire posait...

— Obligé d'enquêter sur les derniers décès ainsi que sur les précédents, ce sont mes inspecteurs qui m'ont révélé, dans leurs rapports, votre intervention, à laquelle je ne m'attendais plus...

— Si je suis entré dans la danse, déclarait Chantecoq, c'est sur la prière instante du beau-père de Mme Marie-Louise Barrois, qui voulait savoir la vérité, toute la vérité, au sujet du décès mystérieux de sa bru.

« J'ai eu vite acquis la preuve que le *Tueur de femmes*, cette fois, n'avait pas frappé une femme infidèle, mais, au contraire, la plus pure et la plus aimante des épouses.

« Puis, en contemplant la victime, j'ai eu l'intuition qu'elle était toujours vivante. Mon flair...

— Dites plutôt votre génie !...

— Alors, je me suis souvenu qu'il existait rue Bonaparte un médecin, un méconnu de la science, ou plutôt des savants, qui avait réussi à réveiller des gens que l'on croyait morts et qui n'étaient qu'endormis. C'est un original...

— Je me suis déjà procuré son pedigree, déclarait Lereni. A première vue, il m'a paru intéressant.

— En effet, affirmait Chantecoq, sans insister.

Et, reprenant son récit, il poursuivit :

— Je me suis rendu chez lui. Je l'ai prié de venir avec moi chez M. Barrois. Il a d'abord hésité. Puis, il s'est rendu à mes arguments.

« Mais je m'arrête, car, d'après ce que vous venez de me dire, vous en savez aussi long que moi.

— Je le voudrais bien ! ponctua Lereni avec un sourire quelque peu teinté de mélancolie.

— Alors, s'exclamait Chantecoq, vous vous figurez que j'ai découvert le *Tueur de femmes ?*

— Non, mais j'ai la conviction que vous êtes sur sa piste...

— Je mentirais en vous disant le contraire, reconnaissait loyalement le roi des détectives.

Et, dans un élan spontané, il ajouta :

— Si cela vous gêne le moindrement que je m'occupe de ce sinistre individu, dites-le-moi franchement, mon cher ami, et je cesse instantanément de m'occuper de lui. Cela m'est d'autant plus facile, que je ne suis chargé d'aucun mandat particulier ; et si, après la résurrection de Mme Barrois, j'ai continué à m'occuper de cette affaire, c'est uniquement par humanité.

— Je vous reconnais bien là, mon cher maître.

— Voyez-vous, Lereni, reprenait Chantecoq, lorsque l'on possède l'argent et la renommée, que l'on se sent jeune encore et que l'on pourrait facilement prendre une retraite dorée, on est souvent tenté de se retirer de la circulation. Mais, tout à coup, l'amour du métier vous reprend. On continue à travailler par dilettantisme, et puis, aussi, parce que votre conscience vous engage à ne pas vous désintéresser de certains problèmes qui, en demeurant insolubles, risquent de causer un grand mal à la société. Mais rassurez-vous, mon cher Lereni, je ne veux pas vous causer le moindre tort, en agissant, dans cette circonstance, en marge de la police. Je suis prêt, au contraire, à me retirer, à m'effacer devant vous et même à vous révéler tout ce que je sais.

— Maître, je reconnais bien là aussi votre admirable générosité.

— Non, je suis logique avec moi-même. Nous poursuivons tous deux le même but.

— Alors ?... interrogeait Lereni. Poursuivons-le ensemble...

Chantecoq se tut. Il prit sa pipe, la bourra, l'alluma. Lereni le regardait, en se demandant :

« Que va-t-il décider ? L'aurais-je froissé sans le vouloir ? »

Enfin, Chantecoq, après avoir absorbé quelques bouffées de tabac, reprenait :

— Avant de vous répondre, mon cher ami, je me suis renfermé en moi-même et je vous demande vraiment et amicalement : oui ou non, avez-vous besoin de moi ?

Avec un accent d'indéniable sincérité, M. Lereni ripostait :

— J'ai la conviction, mon cher maître, que, seul, vous pouvez débrouiller cette énigme. Moi, j'y renonce.

— Pourquoi ?

— Parce que, pour atteindre ce bandit ou ce fou, il faudrait être doué d'un véritable don de divination qui me manque et que, vous, vous possédez au plus haut point.

Chantecoq plaisantait :

— Dites tout de suite que je suis un sorcier.

— Vous en avez tous les dons, toutes les facultés, répliquait le directeur de la police judiciaire.

— Alors, vous croyez qu'au moyen âge on m'aurait brûlé sur un tas de fagots ?...

— Non, mon cher maître, car vous n'eussiez jamais pu être qu'un sorcier bienfaisant, et je crois que l'Eglise, si vous eussiez consenti à vous incliner devant sa doctrine, vous eût considéré comme un envoyé de Dieu sur la terre, afin d'y accomplir des prodiges et qu'elle n'eût pas manqué, après votre mort, de vous cataloguer au nombre de ses saints.

— Saint Chantecoq, s'écriait le grand limier, en éclatant de rire. Voilà un nom que saint Pierre n'aurait certainement pas beaucoup aimé à entendre tinter à ses oreilles !

« Mais parlons sérieusement et revenons à la question.

Gravement, cette fois, le roi des détectives martela :

— Désespérant à tort, j'en suis sûr, de découvrir le *Tueur de femmes*, et sachant que j'étais sur cette affaire, vous êtes venu me demander non seulement des tuyaux, mais encore ma collaboration ?

— C'est tout à fait cela.

— Je n'ai aucune raison de vous la refuser, à vous moins qu'à tout autre ; et je suis disposé à vous l'accorder, mais à deux conditions.

— Lesquelles, mon cher maître ?

— La première est que vous allez immédiatement faire rentrer tous les inspecteurs et agents que vous avez mis en campagne et n'agir vous-même que suivant mes directives absolues. Ce procédé va vous paraître sans doute quelque peu dictatorial.

— Pas du tout, protestait le directeur de la police judiciaire, et je souscris très volontiers à cette première condition.

Chantecoq eut un signe de tête approbatif. Puis il reprit :

— La seconde, c'est que nos tractations demeureront absolument secrètes. En dehors de vous et de moi, il est bien entendu que personne ne saura, si je réussis, que c'est moi qui ai fait arrêter le *Tueur de femmes*.

— Puis-je, mon cher maître, interrogeait Lereni, vous demander pourquoi ?

— Mon cher ami, déclarait Chantecoq, je n'ai pas l'habitude de me faire payer les services que je rends à mes amis.

Le directeur lui tendit la main.

— Jamais, s'écria-t-il, je n'oublierai ce que vous faites pour moi.

« Sans vous, je risquais fort de perdre la confiance de mes supérieurs. Les journaux commencent à faire des allusions aux lenteurs de la police. Dans certains cabarets artistiques de Montmartre et d'ailleurs, des chansonniers lancent des couplets satiriques dans lesquels je suis plutôt égratigné.

« Grâce à vous, cela va cesser.

— Ne vendons pas la peau de l'ours, réservait le grand limier.

— Ah ! avec vous, je suis tranquille, affirmait Lereni. Je parierais avec n'importe qui qu'avant huit jours vous aurez démasqué le *Tueur de femmes*.

Le front subitement rembruni, le détective officiel observait :

— Cependant, je me demande si je puis accepter votre offre si généreuse et si désintéressée...

— Qu'est-ce qui vous prend ? s'exclamait le patron de Météor.

— Je vous avouerai, mon cher maître, que plus j'y réfléchis, plus je suis gêné de me dire que je vais récolter des lauriers que je n'ai pas mérités, et que, de partout, je vais recevoir des félicitations quand je ne devrais avoir que des blâmes.

— Ces scrupules vous honorent, répliquait le fin limier, et ne m'étonnent nullement de votre part. En attendant, vous allez me faire le plaisir de les mettre de côté.

— Cependant...

— Il n'y a pas de cependant... Je vous ai fait connaître mes conditions ; je n'ajouterai qu'un mot, c'est que je tiens peut-être encore davantage à la seconde qu'à la première.

Chantecoq se leva et se dirigea vers son interlocuteur et lui dit avec cette bonhomie charmante qui savait si bien lui gagner tous ceux qu'il voulait conquérir :

— Ah çà ! mon cher, vous êtes trop au courant des choses et des gens de théâtre pour ne pas savoir qu'il arrive fréquemment que les pièces écrites en collaboration ne portent qu'un seul nom d'auteur...

— Certes, mon cher maître, ripostait Lereni. Mais permettez-moi de vous faire respectueusement observer, l'auteur qui n'a pas signé touche une part de droits quelquefois plus élevée que celle de son collègue.

Chantecoq interrogeait :

— Est-ce que vous vous figurez que si je triomphe, le plaisir que j'éprouverai d'abord d'avoir fait cesser cet effroyable jeu de massacre, puis de vous avoir obligé, ne vaudra pas mieux que tout ?

Et, avec une expression de très cordial et de très émouvant abandon, le roi des détectives poursuit :

— Mon ami, je ne m'illusionne pas. Je vais bientôt atteindre l'automne de ma carrière. Non pas que j'aspire au repos. L'homme qui se sent encore assez fort pour se maintenir n'a pas le droit d'abandonner l'action, pas plus qu'un général, après avoir gagné plusieurs victoires, ne peut, sans trahir, déclarer :

« — J'ai assez gagné de batailles comme ça, j'ai bien le droit d'aller goûter à mon tour les loisirs et les joies de la paix. »

« Cincinnatus ne retourna à sa charrue que lorsque Rome n'eut plus d'ennemis à vaincre. A notre époque, tout homme qui se sent encore égal à lui-même n'a pas le droit de déserter l'action.

« Tant que je ne connaîtrai pas de défaillances morales ou physiques, je resterai sur la brèche et je continuerai, même uniquement par amour de l'*humanité*, à défendre la société contre les malfaiteurs qui, chaque jour, — il faut, hélas ! le reconnaître, — lui portent des coups de plus en plus terribles.

« Voilà pourquoi, mon cher ami, en admettant que je vous oblige, en vous aidant à vous emparer du *Tueur de femmes*, j'estime que vous me rendez un service encore plus grand en me permettant de réaliser mon vœu le plus cher, vœu qui peut se résumer en un seul mot :

« Servir ! »

Dominé par cette argumentation, qui, en élevant ainsi la question, ne permettait plus à Lereni la moindre hésitation, celui-ci s'écria :

— Mon cher maître, je ne puis que m'incliner devant votre volonté.

— A la bonne heure !

— Donnez-moi vos directives, vos ordres, je vous obéirai.

Chantecoq reprenait :

— Pour ce soir, je n'ai qu'un renseignement à vous demander. Je le résume en cette brève interrogation : *aujourd'hui*, combien le *Tueur de femmes* a-t-il fait de victimes ?

— Aucune, répliquait le directeur de la police judicaire.

— Vous en êtes absolument sûr ?

— Absolument. Ce soir, avant de me rendre chez vous, je suis retourné à mon bureau et aucun cas n'avait été signalé.

— Parfait.

Lereni observait :

— Il se pourrait fort bien que le misérable, s'étant aperçu que vous vous occupiez de lui, eût renoncé à continuer la série de ses crimes.

Chantecoq réfléchit un instant. Puis il eut un signe de tête négatif.

— Je n'en crois rien, dit-il. Je suis même persuadé qu'il n'y a qu'une interruption et que cette interruption n'est due qu'à un empêchement matériel.

Et Chantecoq ajouta :

— Téléphonez donc à la Préfecture ; je ne serais pas autrement surpris que l'on vous informât que, depuis votre départ, on a appris que le *Tueur de femmes* s'était livré à un ou plusieurs nouveaux attentats.

Tout de suite, Lereni saisit l'appareil et demanda le numéro dont il avait besoin. Il n'eut pas trop de peine à l'obtenir et demanda aussitôt le chef de service en permanence, qui s'empressa d'accourir à l'appareil :

— Allo ! c'est moi, le directeur, lança le policier officiel. C'est bien vous, Vernin ?

— Oui, monsieur le directeur.

— Quoi de nouveau ?

— On nous signale deux nouveaux crimes du *Tueur de femmes*, l'un avenue des Champs-Élysées, à la hauteur du Grand Palais, l'autre avenue de la Grande-Armée, sur le terre-plein, à la hauteur du n° 52.

— A-t-on pu identifier les victimes ?

— Oui, l'une est la femme d'un haut fonctionnaire des Finances, et l'autre est la femme du président du conseil d'une grande société d'assurances.

— A quelles heures ces crimes ont-ils été commis ?

— Le premier à vingt heures, le second à vingt et une heures.

— Bien, je vous remercie, fit M. Lereni, en raccrochant le récepteur.

Se tournant vers Chantecoq, il reprit :

— Vous aviez raison. Le *Tueur de femmes* a récidivé, ainsi que vous avez pu vous en rendre compte par les questions que je posais à mon interlocuteur.

— J'en étais certain, déclarait Chantecoq, qui avait le triomphe modeste.

Et il poursuivit :

— Je ne puis rien vous dire encore. Vous avez jadis travaillé sous ma direction et vous n'avez certainement pas oublié que je n'aimais pas beaucoup me livrer à des prédictions et que je ne communique à personne les hypothèses que je peux concevoir que lorsqu'elles se sont matérialisées pour moi en réalité.

« Tout ce que je puis vous dire, c'est que la nouvelle que vous venez de me donner, si elle est désastreuse pour les deux pauvres femmes qui ont succombé, est excellente pour mon enquête ; car elle me permet d'établir un recoupement des plus utiles et dont vous ne tarderez pas à constater les effets.

— Je suis enchanté de ce que vous me dites, reprenait le directeur de la police judiciaire.

« Ainsi que vous me l'avez recommandé, je vais rentrer immédiatement à mon bureau et vais donner à mon subordonné mes instructions.

D'un geste, Chantecoq arrêta son interlocuteur et lui dit d'un air étrange, sous lequel on devinait une certaine malice :

— Vous êtes toujours célibataire ?

Lereni répliquait :

— Si je m'étais marié, mon cher maître, croyez que vous en eussiez été le premier averti.

D'un air de plus en plus malicieux, Chantecoq reprenait :

— Pas de rendez-vous importants ?

— Aucun.

— La nuit est à vous ?

— La nuit est à moi.

— Alors, dit le grand limier d'un air satisfait, nous allons pouvoir travailler utilement.

Et il appuya sur une sonnerie électrique. Un homme se dressa devant lui : c'était Météor, qui venait de surgir tout à coup dans la pièce.

Le roi des détectives n'était pas l'homme des grandes présentations. Tout de suite, il fit :

— Mon cher Lereni, je vous présente mon secrétaire et mon collaborateur, Météor. Je ne vous ferai pas son éloge en sa présence. Laissez-moi seulement vous dire que voilà bientôt trois ans que je l'emploie. Cela vaut mieux, je crois, que tout.

M. Lereni tendit cordialement la main à Météor, qui, obéissant aux ordres de son patron, venait de sténographier d'un bout à l'autre la conversation que le grand limier venait d'avoir avec le directeur de la police judiciaire.

Chantecoq reprenait aussitôt :

— Maintenant, Météor, nous allons collaborer confidentiellement avec la police officielle. Je n'ai pas besoin de te recommander le silence. Je sais, mieux que personne, combien tu es respectueux du secret professionnel.

— Patron, croyait devoir renchérir Météor, j'aimerais mieux me couper la langue avec mes dents et l'avaler ensuite en guise de bifteck, plutôt...

Chantecoq interrompait :

— Nous ne sommes pas ici pour faire de la littérature, encore moins de la cuisine. Aussi, tais-toi et ne dis pas de bêtises.

Météor mit un doigt sur sa bouche, ce qui indiquait qu'il était décidé à ne plus en laisser sortir une seule syllabe, tant qu'il n'en aurait pas reçu l'autorisation de son maître.

Celui-ci reprit :

— Tu vas revêtir la tenue n° 27 ; tu reviendras me retrouver ici et je te dirai alors ce que tu as à faire.

Météor fit un simple signe d'acquiescement et s'évapora avec la même rapidité qu'il avait mise à apparaître.

Lereni reprenait :

— Ce garçon m'a l'air très intelligent.

— Et il l'est, confirmait le roi des détectives. Je suis de plus en plus satisfait, car il ne se contente pas de me rendre de jour en jour des services fort appréciables.

« Il m'a voué un dévouement et une affection qui ont achevé de m'attacher à lui. Certes, il a encore beaucoup à apprendre. Mais je suis persuadé que, dans quelques années, il pourra très bien prendre à son tour une agence et se révéler un détective de premier ordre.

« Pendant qu'il est en train de se camoufler, mon cher Lereni, car malgré les théories de la police moderne je n'ai pas renoncé à un système qui, jadis, a obtenu tant de succès et m'en vaut encore de nos jours...

— Je reconnais qu'il a du bon et même de l'excellent, déclarait M. Lereni. Le tout est de savoir s'en servir et, à moins d'être extrêmement habile dans l'art de se grimer, il arrive très souvent qu'un agent se camoufle de travers et se fasse reconnaître plus facilement par ceux qu'il veut poursuivre que s'il les filait sous son véritable aspect.

— Vous avez absolument raison, mon cher, reprenait le grand limier.

« La vérité, voyez-vous, c'est qu'il ne faut être absolu en rien.

« Tous les systèmes ont du bon, tous ont du mauvais ; car, hélas ! plus je m'avance en âge, plus je m'aperçois que la perfection n'est pas de ce monde.

« Le tout est d'en prendre et d'en laisser et de s'inspirer dans tous ses actes du caractère des personnages auxquels on a affaire et des circonstances dans lesquelles se présentent les énigmes que l'on a à débrouiller.

« Aussi, dans le cas qui nous occupe, je fais camoufler mon secrétaire. Et moi, ce soir, je vais me présenter sous mes traits naturels, et vous, par exemple, voyons... non, il n'y a rien à craindre ! Vous pouvez venir avec moi ; je vous emmène, sans éveiller la moindre méfiance, chez le gibier que nous poursuivons.

— Puis-je vous demander, mon cher maître, quel rôle vous me destinez dans la pièce à laquelle nous allons collaborer ?

— Oh ! un rôle très important, soyez-en sûr, et qui ne va tarder à devenir, je crois, le principal.

Le directeur de la police judiciaire n'insista pas. Connaissant Chantecoq sur le bout du doigt, il savait très bien que celui-ci détestait les questions et qu'il n'aimait pas faire part de ses intentions, même à ses intimes collaborateurs.

Ainsi que cela lui était arrivé à maintes reprises; lorsque, jadis, il servait sous ses ordres, il se dit :

« Je n'ai qu'à lui emboîter le pas et à le suivre où il m'emmènera. »

Chantecoq, qui devinait tout ce qui se passait dans l'esprit de son ami, lui demandait :

— Etes-vous armé ?

— Suffisamment pour me défendre, répondait le détective officiel.

— Je vais en faire autant, répliquait Chantecoq. Mais le genre d'arme que j'emploie en pareil cas ne ressemble certainement pas au vôtre.

Chantecoq se dirigea vers son coffre-fort, en fit manœuvrer le mécanisme secret et, l'ayant ouvert, plongea sa main droite à l'intérieur du meuble, d'où il retira deux boîtes en métal d'environ trente centimètres carrés. D'un air volontairement mystérieux, il fit simplement :

— L'une contient la vie et l'autre renferme la mort.

« Mais ce n'est pas tout. Les moyens que vous aurez peut-être l'occasion de me voir utiliser sont insuffisants pour nous défendre contre le *Tueur de femmes*, car en admettant que nous soyons repérés par lui, il peut très bien employer envers nous des procédés dont il s'est servi envers celles qu'il voulait faire disparaître et nous expédier, mon secrétaire, vous et moi, dans l'éternité, sans même que nous eussions le temps d'adresser un suprême adieu à nos amis et connaissances.

« Aussi, je crois que nous pourrions très bien aviser, dès à présent, aux moyens d'éviter une pareille aventure, dont les conséquences seraient pour nous plus que désastreuses, c'est-à-dire irréparables.

Lereni reprenait, en souriant :

— Je suis sûr que vous avez déjà trouvé le moyen de pallier ce danger.

— Oh ! il y a déjà beau temps de cela, ripostait Chantecoq. Cela date même de 1917. Pendant que je faisais la chasse aux espions, figurez-vous que j'avais découvert qu'un de nos ennemis, qui avait réussi à pénétrer sur le territoire français et qui n'était autre que l'un des savants des plus réputés de l'un des pays avec lesquels nous étions en guerre, avait inventé un système de piqûre grâce auquel il pouvait faire mourir instantanément tous les gens qui le gênaient.

« Grâce à l'admirable service de renseignements qui fonctionnait chez nous, nous avions pu repérer ce gredin avant qu'il eût commencé la série de ses sinistres exploits.

« Inutile de vous dire qu'il visait très haut ; je n'ai pas besoin d'insister.

« Fort heureusement, les personnages qu'il avait résolu d'assassiner étaient fort bien gardés et il ne lui était pas facile de les approcher.

« Malgré tout, en pareil cas, une surprise est toujours à craindre, et voici ce que j'imaginai pour nous débarrasser de ce serpent à la morsure mortelle : je m'en fus trouver un chimiste qui était attaché au ministère de la Guerre et passait, à juste titre, pour avoir déjà rendu d'immenses services à son pays, tant par ses géniales découvertes que par sa façon habile et prompte de les exploiter utilement.

« Je le mis au courant de la question et je lui demandai, un peu naïvement, sans doute, s'il ne connaissait pas un produit ou s'il ne pouvait pas en fabriquer un qui pourrait immuniser les gens contre les piqûres de cet espion.

« Tandis que je lui parlais, ce doux et grand savant me regardait d'un air un peu goguenard, si bien que je crus, tout d'abord, qu'il me prenait pour un fou et qu'il allait me prier poliment de prendre la porte.

« Je me trompais. En effet, lorsque j'eus terminé mon exposé, fort aimablement, mon chimiste me répondit, du ton le plus naturel du monde :

« — Rien de plus facile. J'ai déjà travaillé autrefois, bien avant la guerre, à un produit qui vous garantissait contre les piqûres d'insectes, les morsures de serpent ; je suis d'ailleurs arrivé à un résultat excellent, dont beaucoup de nos explorateurs et coloniaux se sont servis avec succès.

« L'ennui, c'est que l'effet de ce produit ne dure que vingt-quatre heures. Il faut alors prendre un bain très chaud et recommencer à se badigeonner tout le corps avec ma pommade, qui, d'ailleurs, sèche instantanément et ne provoque aucune irritation de la peau.

« Et en modifiant ma formule, oh ! très peu, j'ai la certitude absolue que l'on pourrait très bien l'utiliser pour se défendre contre les attentats imminents de ce gredin.

« Mais la difficulté serait d'en fabriquer en grande quantité, si nous voulions mettre à l'abri de toutes les attaques ceux qui en sont menacés.

« — Mon cher maître, répondis-je, qu'à cela ne tienne. Confiez-moi votre formule, dont je vous jure de respecter le secret, et je vous garantis qu'avant quarante-huit heures tout sera terminé et que j'aurai écrasé la vipère.

« Ce bon savant, auquel j'étais recommandé par une lettre autographe du ministre de l'Intérieur, me dit :

« — Revenez me voir demain matin et je vous remettrai la formule en question. »

« C'est ce qu'il fit.

« En me remettant le papier sur lequel était tracée la vieille formule, il me dit :

« — Vous pouvez être entièrement rassuré ; je viens de l'expérimenter sur moi-même, en m'injectant une dose de poison capable de foudroyer un bœuf.

« Vous voyez que je me porte aussi bien qu'hier. Vous pouvez donc, monsieur Chantecoq, être absolument tranquille. »

« Je partis, après avoir remercié le savant, qui, par la simple lumière de son génie, allait sauver la vie de tous ceux dont la France avait un si grand besoin.

« Je m'en fus chez un chimiste dont il m'avait indiqué l'adresse et qui avait exécuté sa formule, et, le soir même, j'emportais chez moi de quoi m'oindre abondamment le corps.

« Je dois reconnaître que cette pommade n'avait pas les inconvénients de bien d'autres ; elle n'était ni poisseuse, ni malodorante ; et, dès qu'elle vous touchait la peau, elle se confondait si bien avec elle, qu'au bout de quelques secondes on avait l'impression qu'elle était entièrement évaporée.

« Le lendemain matin, je me badigeonnais entièrement le corps avec ce produit. Plein de confiance dans les affirmations de mon chimiste, — et la suite des événements devait me prouver combien j'avais raison, — je me mis à la recherche de l'espion dont j'avais, d'ailleurs, le signalement complet, et sur lequel je possédais déjà des renseignements qui me mirent sur sa piste.

« Mais j'avais affaire à un madré compère. La poursuite s'annonçait longue et laborieuse. Aussi je résolus de brusquer les choses. Au lieu de me camoufler, je me présentai sous mes traits naturels dans la chambre très confortable qu'il occupait dans un excellent hôtel de la rive gauche. Il me reconnut tout de suite. J'avais déjà eu affaire à lui, mais ceci est une autre histoire qui serait trop longue à raconter. Il pâlit légèrement, puis il se ressaisit aussitôt.

« N'ayant pas encore à ma disposition ce fameux pistolet somnifère, qui me permet d'endormir d'un seul coup mes adversaires et m'a rendu et me rendra encore tant de services, je braquai brusquement mon browning sur lui et je lui dis :

« — Vous êtes *fait*. Inutile de me résister. »

« Mon espion avait immédiatement levé les bras en l'air. Je m'approchai de lui pour lui passer les menottes. Mais il avait du cran et de l'adresse. D'un coup de poing, il envoya mon arme se balader dans la chambre.

« Puis, me saisissant le bras, il m'encercla le bras droit d'une étreinte à laquelle il m'eût été facile de me dérober. Mais je voulais profiter jusqu'au bout de l'expérience, le prendre en flagrant délit, afin d'acquérir la certitude qu'il était bien l'homme que je cherchais.

« Donc, pour la forme seulement, je fis semblant de me débattre. Mais, après quelques efforts volontairement stériles, je me mis à crier :

« Lâchez-moi... vous me faites mal... vous me brisez les os... Assez !... voyons !... Assez !...

« Il éclata d'un rire sardonique. Et, tandis qu'il continuait à me paralyser le bras en un coup de jiu-jitsu, dont il m'eût été très facile d'annihiler l'effet, il prit sur une table, qui se trouvait tout près de lui, une aiguille très fine qu'il m'enfonça légèrement dans la peau. C'était ce que j'attendais !

« Je fléchis immédiatement sur mes jambes. Son étreinte se desserra et je tombai comme une masse sur le parquet. Je l'entendis alors murmurer en français :

« — Il va falloir maintenant que je me débarrasse de cette charogne ! Mais ça ne va pas être bien difficile. »

« Il se pencha vers moi... Je me relevai d'un bond de tigre. Car, à cette époque, j'étais en pleine force.

— Vous l'êtes toujours, scandait Lereni au passage.

Chantecoq achevait :

— J'adressais à mon assassin un formidable crochet à la mâchoire, qui le mit aussitôt knock-out. Mais j'abrège.

« Six semaines après, le gredin était fusillé à la caponnière de Vincennes.

« Excusez ce copieux récit.

— Il m'a vivement intéressé, affirmait Lereni.

— En tout cas, reprenait le célèbre limier, il prouve que nous devons avoir entièrement confiance dans la formule de notre chimiste. Voilà pourquoi, avant de nous mettre en campagne, je vous invite à faire comme moi, c'est-à-dire à vous enduire le corps de ce précieux onguent, qui nous mettra, pendant vingt-quatre heures au moins, à l'abri de toute atteinte.

« J'en ai fait fabriquer une quantité suffisante pour nous permettre de tenir tête victorieusement au monstre que nous voulons abattre, si vous acceptez.

— J'accepte.

— Veuillez donc me suivre dans mon cabinet de toilette.

— Mon cher maître, déclarait le directeur de la police judiciaire, que cette collaboration avec Chantecoq comblait d'aise, puisqu'elle mettait fin à ses légitimes angoisses, mon cher maître, si vous n'étiez pas le désintéressement même, vous pourriez en ce moment réaliser une immense fortune.

— Comment cela ? interrogeait le roi des détectives.

— Vous n'auriez qu'à faire passer dans les journaux une note annonçant que vous avez trouvé le moyen de protéger toutes les épouses infidèles de la mortelle piqûre du *Tueur de femmes.* Vingt-quatre heures après, vous ne suffiriez pas aux commandes.

— C'est bien possible ! s'écriait Chantecoq. Mais c'est une opération à laquelle il ne faut pas songer.

« D'abord, cette formule ne m'appartient pas et je n'ai le droit de m'en servir que pour mon usage personnel.

« Puis, je trouve beaucoup plus simple d'attaquer le mal dans sa racine plutôt que d'employer un moyen empirique qui aurait tout à fait l'aspect d'un remède de charlatan.

Et d'un ton mystérieux, mais énergiquement affirmatif, le roi des détectives martela :

— Ce n'est d'ailleurs qu'une affaire de temps et même de très peu de temps. Et vous verrez, mon cher Lereni, que nous n'aurons pas besoin d'employer ce genre de publicité pour préserver ces malheureuses des mortelles piqûres du *Tueur de femmes.*

IX

OU LE MYSTÈRE, AU LIEU DE S'ÉCLAIRIR, SEMBLE, AU CONTRAIRE, AUGMENTER ENCORE

Ce que Chantecoq, toujours si prudent dans ses déclarations et même si avare de ses paroles, n'avait pas voulu dire, même au directeur de la police judiciaire, nous allons le révéler dès à présent à nos lecteurs et à nos lectrices.

Il est indispensable, pour la clarté de ce qui va suivre, que tous ceux qui nous font l'honneur de s'intéresser à ce récit soient, dès à présent, au courant de ce qui se passait dans l'esprit du roi des détectives.

Celui-ci, maintenant, n'avait plus aucun doute. Pour lui, le coupable n'était autre que le professeur Courtil. Et voilà sur quoi il s'était appuyé pour établir en lui cette conviction.

M. Lereni, en lui affirmant que, depuis le matin jusqu'à vingt heures, le *Tueur de femmes* n'avait commis aucun assassinat, avait attiré son attention sur ce fait que cet arrêt dans le crime correspondait exactement aux moments qu'il avait passés en compagnie du professeur Courtil.

Ce qui achevait d'étayer en lui cette opinion, c'était que les attentats avaient recommencé presque aussitôt après qu'il s'était séparé du savant...

D'autre part, se remémorant les renseignements que Météor lui avait apportés sur l'étrange chimiste de la rue Bonaparte, il s'était tenu le raisonnement suivant :

« Courtil a été trompé par sa femme qu'il adorait et il l'a fait disparaître, en l'empoisonnant.

« N'ayant rien à redouter de la justice, soit qu'il eût fait absorber à la coupable un toxique qui ne laisse dans l'organisme que des traces, des lésions que l'on peut attribuer fort bien à une maladie naturelle, soit que sa situation personnelle le mît au-dessus de tout soupçon, il a pu, en toute sécurité, accomplir ce qu'il considérait comme une œuvre de justice.

« Mais, bientôt, bourrelé de remords, il a voulu chercher l'oubli dans l'isolement, dans la solitude, c'est-à-dire qu'il s'est volontairement isolé dans cette petite villa bretonne de Rosporden, où, afin d'occuper son esprit, il s'est livré aux travaux de laboratoire vers lesquels le poussait son réel génie... Et c'est à ce moment, surtout, qu'il a découvert le procédé qui consiste à rappeler à la vie ceux qui, tout en ayant les apparences de la mort, sont néanmoins uniquement plongés en léthargie ou en catalepsie.

« Mais, peu à peu, à force de vivre ainsi replié sur lui-même, malgré les puissants dérivatifs auxquels il avait recours pour délivrer son esprit d'un atroce souvenir, qui le hantait toujours, il en est arrivé ainsi peu à peu à perdre sinon toute sa raison, mais tout au moins la majeure partie de son contrôle de lui-même.

« Une idée fixe s'est installée dans son cerveau : celle de devenir le justicier implacable de toutes les femmes adultères.

« Tournant bientôt à la monomanie, cette idée a fait, d'un homme qui aurait pu être l'un des plus illustres bienfaiteurs de l'humanité, une sorte de dément dangereux pour tous, qui ne relève pas de la justice, mais de la maison de santé...

« Et lorsqu'il a trouvé la formule de sa mortelle piqûre, il est rentré à Paris. Pourquoi donc ne s'en est-il pas servi tout de suite ? Pourquoi a-t-il attendu plusieurs années pour entamer la série de ses sinistres exploits ?

« Lui seul pourrait nous le dire. En tout cas, ce qui importe avant tout pour l'instant, c'est d'abord de l'arrêter dans son œuvre de mort et ensuite de s'emparer de sa personne et de voir encore s'il relève de la cour d'assises ou du cabanon. »

Comme Chantecoq achevait de prononcer ces mots, un jeune agent en uniforme, la lèvre supérieure ornée d'une moustache à l'américaine pénétrait dans le studio, sans s'être fait annoncer.

A sa vue, le directeur de la police judiciaire ne put retenir un mouvement de surprise. Tout de suite, le roi des détectives lui expliqua cette apparition aussi brusque qu'inattendue, en disant :

— C'est notre grand ami Météor, auquel j'ai ordonné de revêtir ce costume grâce auquel il va pouvoir, tout à l'heure, faire le guet pendant que nous agirons.

Et il ajouta :

— Mon cher Lereni, je vais vous conduire jusqu'à ma salle de bains, afin que vous puissiez vous enduire de l'onguent dont je viens de vous parler, il y a quelques instants.

— Entendu, acquiesçait le haut fonctionnaire, dont la confiance envers Chantecoq était telle qu'il l'eût facilement suivi jusqu'au bout du monde.

Alors, tous deux quittèrent le studio. Mais sur le seuil, le grand limier se retournait et disait à son secrétaire :

— En nous attendant, va faire les cent pas devant le 37 de la rue Bonaparte, où nous te rejoindrons environ dans une heure ; prends un taxi et fa vite, car je ne sais si tu n'auras pas à glaner quelque chose d'intéressant.

— Entendu, patron, obtempéra aussitôt Météor.

En voyant disparaître le détective privé et le policier officiel, il grommela entre ses dents :

« L'union sacrée, c'est beau tout de même ! »

. . . .
. . . .

Vers dix heures du soir, Chantecoq et M. Lereni sonnaient à la porte du professeur Courtil.

Tout d'abord, personne ne leur répondit.

Chantecoq fit à l'oreille de son compagnon :

— Ils ne sont pas encore couchés, car j'ai vu de la lumière et, tout à l'heure, Météor vient de nous dire qu'il avait aperçu, il n'y a pas dix minutes, derrière les rideaux de sa fenêtre, la silhouette du professeur.

« Donc, il suffit de carillonner un peu fort, car Mme Scholastique, ainsi que j'ai déjà pu m'en apercevoir, a l'oreille un peu paresseuse, et la chambre du professeur doit se trouver tout au fond de l'appartement.

Chantecoq se mit à carillonner avec insistance. Mais la porte ne s'ouvrait toujours pas. Lereni fit observer :

— Peut-être sommes-nous repérés et ne veut-on pas nous ouvrir ?

— Cela m'étonnerait, dit le grand limier ; il doit y avoir d'autres raisons à cela.

Au même instant, un coup de sifflet montait, strident, de la rue, se répétant trois fois de suite.

Chantecoq fit aussitôt :

— C'est un signal de Météor. Cela veut dire qu'il se passe quelque chose de très important en bas. Descendons vite.

Tous deux dégringolèrent l'escalier. Après avoir franchi la porte de l'immeuble, ils se trouvèrent en face de Météor, qui leur dit aussitôt avec vivacité :

— A peine étiez-vous montés chez le professeur Courtil que j'ai vu un homme à barbe blanche et répondant entièrement au signalement du *Tueur de femmes* sortir de la maison et monter dans une voiture de maître, une conduite intérieure très simple qui attendait à quelques numéros de là.

« Je n'ai pas pu voir s'il y avait quelqu'un dans la voiture, mais, en tout cas, j'ai pu prendre son numéro au vol et le voici : 31.27-RB-6.

— Bien, approuvait Chantecoq. Quelle direction a pris la voiture ?

— Celle du boulevard Saint-Germain.

— Ce qui donne à penser, dit Chantecoq, comme s'il parlait à lui-même, que notre homme va opérer cette nuit sur la rive gauche, probablement du côté de Montparnasse... à moins que ce ne soit dans quelque ministère ou ambassade où il y aurait quelque fête.

— Justement, interrompait Lereni, il y a ce soir une grande réception au ministère du Commerce.

— Ah ! ah ! ponctua le grand limier, il serait peut-être intéressant d'aller faire un tour de ce côté.

« Malheureusement, nous ne sommes pas en habit. Nous ne pourrons pas pénétrer dans les salons et voir si l'homme à la barbe blanche s'y trouve.

Il est possible aussi, émettait le directeur de la police judiciaire, qu'il opère à la sortie des invités.

— Cela ne me semble guère probable, reprit Chantecoq. Maintenant, surtout depuis un certain temps déjà, l'alarme a été donnée. Il doit se tenir sur ses gardes et agir avec une certaine prudence.

« Aussi, je crois qu'il vaut mieux, toute réflexion faite, attendre ici tranquillement son retour et le happer au passage.

— Je suis tout à fait de votre avis, acquiesçait Lereni.

— Pourtant, je crois que nous ferions bien de ne pas avoir l'air de l'attendre, déclarait Chantecoq. Nous allons donc nous promener de long en large, en laissant à notre ami Météor le soin d'attirer notre attention sur cet homme à barbe blanche, dès qu'il reparaîtra.

— Je crois, en effet, que c'est le plus sage, approuvait le policier officiel.

Tandis que Météor continuait à faire le guet, Chantecoq et Lereni se mirent à déambuler le long du trottoir.

— Ah çà ! mon cher, dit le premier au second, pourquoi semblez-vous préoccupé ?

— Je me demande si cet homme à barbe blanche est bien le professeur Courtil ou bien l'un de ses complices...

— Sur quoi vous basez-vous pour hésiter ainsi ?

— Sur le fait que votre secrétaire a aperçu très peu de temps avant notre arrivée la silhouette du professeur derrière ses rideaux ; ce qui semblerait *a priori* indiquer que ce n'est pas lui qui, tout à l'heure, est monté dans ce taxi.

— Pourquoi ?

— S'il en était ainsi, nous l'eussions certainement rencontré quand nous montions chez lui...

— La maison peut avoir un escalier de service, objectait judicieusement Chantecoq.

— En tout cas, déclarait M. le directeur de la police judiciaire, il aurait eu vivement fait de se camoufler.

— Vous savez, reprenait le roi des détectives, que ce n'est pas très long de se coiffer d'une perruque et de s'adapter une barbe au menton, surtout l'orsqu'on en a l'habitude.

— C'est fort juste. D'ailleurs, je suis d'avis que, dussions-nous rester ici plusieurs heures, nous ne devons pas abandonner notre faction.

— J'allais justement vous le proposer, déclarait Chantecoq.

— Vous êtes toujours très fort au piquet ? questionnait M. Lereni.

— J'y joue de temps en temps, répliquait Chantecoq, et je crois que je n'ai pas trop oublié.

— C'est dommage qu'il n'y ait pas un café aux alentours. Nous aurions pu utiliser ainsi nos loisirs.

Chantecoq répliquait, en souriant :

— Je n'eusse pas demandé mieux que de me faire battre ou même de vous battre, mais mon flair me dit que nous n'attendrons peut-être pas très longtemps le retour de l'homme à la barbe blanche.

« Il est déjà près de onze heures, et, d'après les recoupements que j'ai faits, le *Tueur de femmes* n'assassine jamais après minuit.

— Alors, attendons son retour, s'écriait le directeur de la police judiciaire.

Et, avec un accent de gravité mélancolique, il ajouta :

— Quand on pense qu'en ce moment le misérable est peut-être en train de piquer mortellement de nouvelles victimes et que nous sommes là tous les deux impuissants à le désarmer.

Chantecoq faisait observer :

— J'avais bien pensé à vous demander de téléphoner à la Préfecture de police, d'envoyer en toute hâte des agents au ministère du Commerce, en leur donnant le signalement de l'individu en question ; mais j'ai tout de suite réfléchi que c'était peine perdue et qu'ils arriveraient trop tard.

« S'il y a crime, il doit être en train de se consommer.

— J'ai eu la même pensée que vous, déclarait Lereni, et je dois dire que je suis vite arrivé à la même conclusion. Rien à faire qu'à attendre les événements ou plutôt notre bonhomme.

Une demi-heure environ s'écoula. Les deux amis n'avaient cessé de déambuler dans la rue et avaient fini par échanger des propos qui n'avaient plus rien de commun avec l'affaire à laquelle ils s'étaient attelés d'un commun accord. Tout à coup, au moment où ils se rapprochaient du n° 37, Météor se précipita vers eux et leur dit :

— Voilà la voiture qui revient ; je la reconnais, c'est elle, j'en suis sûr.

Une conduite intérieure stoppait à quelques numéros avant d'arriver à l'immeuble occupé par le professeur Courtil.

Quelqu'un en descendit, ce n'était nullement l'homme à la barbe blanche, mais un personnage complètement rasé, vêtu non pas d'une redingote et coiffé d'un chapeau melon noir, mais habillé avec un complet veston et portant sur sa tête un feutre mou gris à ruban noir.

Comme il avançait vers le 37, Chantecoq, qu'il n'avait pas aperçu, ainsi que ses compagnons, qui se dissimulaient, eux aussi, dans l'anfractuosité d'une porte cochère, reconnut aussitôt le professeur Courtil.

A voix basse, il dit au directeur de la police :

— Ne bougez pas et laissez-moi faire.

Traversant la chaussée, il rejoignit le savant, au moment où celui-ci tirait sur le cordon de la sonnette.

— Bonsoir, mon cher professeur, lança-t-il d'une voix volontairement cordiale.

Courtil eut un léger tressaillement ; puis, se retournant, il fit, reconnaissant le grand limier :

— Tiens, c'est vous, monsieur Chantecoq ? Est-ce par hasard ou venez-vous me voir ?

— Je venais pour vous voir, fit le roi des détectives, en appuyant sur ces mots.

« Il se passe des choses que vous devez ignorer certainement, et je suis venu vous les apprendre.

— Lesquelles, donc ?

— Le *Tueur de femmes* a recommencé ses exploits.

Le plus naturellement du monde, le professeur Courtil répliquait :

— Il fallait nous y attendre.

La concierge s'étant décidée à tirer le cordon, la porte de l'immeuble s'ouvrait, et le professeur Courtil tendait la main à Chantecoq, manifestant ainsi son intention bien arrêtée de prendre congé de lui.

Mais le roi des détectives insistait :

— J'aurais voulu avoir, monsieur le professeur, une conversation avec vous à ce sujet.

— Ce soir, il est bien tard, éludait le savant.

— Demain, reprenait le limier, il sera peut-être encore *trop tard...*

Sans le moindre embarras, Courtil reprenait, en fixant bien dans les yeux son interlocuteur :

— C'est donc un entretien immédiat que vous désirez avoir avec moi ?

— Oui, monsieur le professeur, si, toutefois, je n'abuse pas.

Courtil répliquait :

— Non, vous n'abusez pas. Bien que j'aie l'habitude de ne jamais me coucher plus tard que minuit, je suis tout disposé à faire une exception en votre faveur.

— Je vous en sais un gré infini, déclarait Chantecoq.

Et d'un ton redevenu aimable, le savant répondit :

— Veuillez me suivre.

Le roi des détectives n'hésita pas un seul instant à emboîter le pas au professeur. Celui-ci, ayant appuyé sur la minuterie, la lumière se fit dans l'escalier, qu'ils escaladèrent tous les deux sans prononcer une parole. Ils atteignirent le palier du deuxième.

M. Courtil introduisit une clef dans la serrure de sa porte, qu'il ouvrit et referma, après avoir fait passer Chantecoq devant lui. Tout de suite, il alluma l'électricité et fit entrer directement le roi des détectives dans son cabinet de travail.

Avec beaucoup de courtoisie, il lui indiqua un siège sur lequel Chantecoq s'installa, et il prit place lui-même sur un fauteuil, devant sa table encombrée de paperasses et de livres.

— Monsieur Chantecoq, fit le professeur, je vous écoute.

Le grand limier se rendait parfaitement compte de l'importance de la partie qu'il allait jouer.

Il s'agissait, en effet, pour lui, ou d'arracher des aveux à celui qu'il croyait coupable ou de provoquer de sa part certains gestes équivalant à des aveux.

Jamais encore accusé n'allait être l'objet d'un interrogatoire plus prenant, plus habile, plus serré.

Chantecoq attaquait :

— Monsieur le professeur, voici, en deux mots, l'objet de ma visite. Peut-être l'ignorez-vous, mais, en ce cas, je suis venu vous l'apprendre : le *Tueur de femmes* a fait de nouvelles victimes...

— Ainsi que je vous le disais tout à l'heure, je l'ignorais absolument, déclarait Courtil d'un air imperturbable et sur un ton dont nul n'aurait pu mettre en doute la bonne foi.

— Eh bien ! voici, reprenait le roi des détectives. Ce soir, à vingt heures, la femme d'un haut fonctionnaire des Finances et celle du président du conseil d'une grande société d'assurances ont été assassinées : l'une à vingt heures, avenue des Champs-Elysées, l'autre à vingt et une heures, avenue de la Grande-Armée.

— Ah ! vraiment, scandait le savant...

— Mais ce n'est pas tout.

Et tout en fixant dans les yeux le professeur, qui soutint son regard avec une candeur désarmante, le roi des détectives martela :

— Ce n'est pas tout : il y a une demi-heure à peine, à une réception offerte par le ministre du Commerce, le *Tueur de femmes* a encore opéré.

Cette fois, Courtil ne put retenir un léger tressaillement.

— Comment le savez-vous déjà ? questionna-t-il, en exprimant le plus vif étonnement.

Chantecoq n'était pas homme à se laisser surprendre. Il possédait, d'ailleurs, au suprême degré l'art d'éluder les questions embarrassantes.

— Vous ne me croyez pas ? s'écria-t-il.

Et, avant que le professeur ait eu le temps de protester, il s'emparait du téléphone et lançait d'un ton péremptoire :

— Donnez-moi de suite le ministère du Commerce... affaire urgente...

Chantecoq devait certainement exercer sur le personnel du téléphone une influence irrésistible et due à un fluide spécial, dont il voudra peut-être bien, pour l'apaisement de nos nerfs, nous donner un jour le secret ; toujours est-il qu'il obtint presque instantanément la communication.

Tout de suite, il lança dans l'appareil, de sa voix claironnante :

— Ici, Jacques Bellegarde, rédacteur au *Petit Parisien*. Veuillez me donner le chef de cabinet de M. le ministre ou, à son défaut, l'un de ses attachés.

Tandis qu'il attendait son interlocuteur au bout du fil, Chantecoq lança un coup d'œil en biais au professeur.

Celui-ci, très calme, du moins en apparence, ne semblait guère devoir apporter d'attention à ce qui allait se dire. Il contemplait le plafond d'un air ennuyé et réprimait des bâillements successifs, qui démontraient qu'il avait un urgent besoin de sommeil et qu'il attendait, non sans une certaine impatience, le moment où il pourrait aller se coucher.

Une voix lançait à l'autre bout du fil :

— C'est vous, monsieur Bellegarde ?

— Oui, parfaitement.

— Ici, M. Deltaillé, chef adjoint du cabinet de M. le ministre du Commerce.

— Très bien, monsieur. Excusez-moi de vous déranger.

— Trop heureux, monsieur Bellegarde, si je puis vous être être agréable.

— Je vous remercie. Est-il exact que le *Tueur de femmes* ait commis, au cours de la réception du ministre, un nouveau crime ?

— Dites deux !

— Ah ! vraiment ! s'exclama le roi des détectives, en passant le second récepteur à M. Courtil, qui, d'un geste nonchalant, s'en empara et l'appuya contre son oreille...

Le sous-chef du cabinet continuait :

— Ce n'est pas une seule victime qu'a faite le misérable, mais deux, et deux femmes charmantes : Mme Belmont, la directrice de la revue littéraire : *L'art de la pensée*, et la femme du docteur Desruelles, qui vient d'être nommé agrégé à la Faculté de médecine.

Le fonctionnaire prononçait nerveusement :

— Nous nous demandons comment ce misérable a pu s'introduire...

Mais, brusquement, la communication s'interrompit. Chantecoq n'en réclama pas le rétablissement. Pour l'instant, du moins, il n'en demandait pas davantage. Son flair ne l'avait pas trompé. Maintenant, il en était entièrement convaincu : il avait devant lui le *Tueur de femmes.*

La bataille suprême allait s'engager.

— Vous voyez, mon cher maître, dit le limier au professeur, je ne me trompais pas.

— Vous avez, en effet, un prodigieux don d'intuition, déclarait le savant.

Lentement, Chantecoq articulait :

— J'étais renseigné, trop tard malheureusement pour empêcher l'exécution de ces deux nouveaux forfaits, mais suffisamment pour 'être fixé maintenant sur bien des choses.

— Est-ce que vous connaîtriez le coupable ? interrogeait Courtil, sans la moindre émotion apparente.

— Oui, je le connais, fit Chantecoq.

Et, avec un étrange sourire, il ajouta :

— Je crois que vous le connaissez encore mieux que moi.

— Je ne comprends pas, fit le professeur, sans se départir un seul instant de son calme.

— Dites plutôt, reprenait le limier, que vous ne voulez pas comprendre.

Brusquement, le professeur Courtil se leva. Et, tandis qu'une flamme, qui pouvait être aussi bien provoquée par l'indignation que la colère, s'allumait dans ses yeux, il martela :

— Ah çà ! monsieur Chantecoq, est-ce que vous auriez l'injustice et l'imprudence de me soupçonner ?

Tout autre que le roi des détectives n'eût point manqué d'être vivement impressionné par cette virulente apostrophe et eût certainement perdu en partie et peut-être même en totalité le sang-froid absolu que commandaient les circonstances.

Mais le grand limier était de ceux qui savent toujours rester entièrement maîtres d'eux-mêmes. Et, sans rien laisser apparaître de ce qui se passait en lui, il se contenta d'articuler :

— Non mon cher maître, *je ne vous soupçonne pas !*

En répondant de la sorte, Chantecoq ne mentait pas. En effet, il ne soupçonnait pas le savant, puisqu'il avait la conviction que c'était bien lui le *Tueur de femmes.*

Tous les recoupements qu'il venait de faire ne pouvaient laisser subsister en lui aucun doute.

La vérité, il la possédait intégralement.

Courtil avait fait disparaître sa femme, parce qu'elle l'avait trompé. Cette effroyable épreuve avait achevé de troubler sa raison déjà si éprouvée par l'odieux ostracisme, l'abominable mise en quarantaine dont il avait eu à souffrir de la part de ses camarades.

Peu à peu, il avait laissé une idée fixe envahir son cerveau : celle de devenir une sorte de justicier mystérieux qui se chargerait d'infliger aux femmes infidèles le châtiment effroyable que, selon lui, elles méritaient.

Il avait mis des années et des années à exécuter son projet, soit que, malgré toute sa science, malgré tout son véritable génie, il n'eût pas trouvé la formule dont il avait besoin pour ses exécutions, soit qu'il eût éprouvé, très vraisemblablement, de grandes difficultés pour établir une sorte de service secret d'informations qui devait lui permettre de frapper à coup sûr.

En tout cas, Chantecoq en était persuadé : l'assassin, ou plutôt le fou, était bien l'homme qui venait de se dresser devant lui.

L'éclat de son regard, le rictus de sa bouche, la crispation de ses poings, la pâleur de son visage, et jusqu'au son rauque de sa voix ne pouvaient que le renforcer dans son opinion.

Mais il lui manquait encore la preuve matérielle, dont il avait besoin pour livrer cet homme à la justice.

Cette preuve, il ne pouvait l'obtenir que par des aveux ou par la découverte d'objets probants ou de documents accusateurs.

Comprenant qu'il n'obtiendrait rien par la violence, il se dit que, pour lui arracher son secret, il allait avoir besoin de mettre au service de son flair toute la ressource de son habileté et de son expérience.

Le professeur, que l'adroite réponse de Chantecoq avait visiblement rassuré, reprenait sur un ton qui laissait percer une certaine pointe d'inquiétude :

— Monsieur le détective, puisque vous ne me soupçonnez pas, pourquoi prétendiez-vous, il n'y a qu'un instant, que je connaissais aussi bien et même mieux que vous le *Tueur de femmes* ?

Cette question si directe, si dangereuse, et qui prouvait qu'en dehors de son idée fixe le professeur avait conservé toute sa lucidité d'esprit, ne parut nullement gêner le célèbre policier.

— Mon cher maître, reprit-il, ce soir, vers dix heures, je suis venu sonner à votre porte. Personne ne m'a répondu.

Avec une certaine vivacité, Courtil soulignait :

— Rien d'étonnant à cela, cher monsieur. Ma servante était déjà couchée, et le sommeil a pour résultat de décupler sa surdité déjà considérable. Quant à moi, j'étais sorti.

Finement, le limier insinuait :

— En êtes-vous bien sûr, mon cher maître ?

— Mais oui, répliquait le savant, que le roi des détectives amenait peu à peu, insensiblement, à engager le fer avec lui.

Et, tout de suite, avec la plus déférente des politesses, il poursuivit :

— Je crois que vous commettez une légère erreur.

Avec une certaine nervosité, le professeur s'exclamait :

— Je crois que c'est vous, plutôt qui vous trompez !

— Non, mon cher maître, insistait courtoisement le roi des détectives.

« Après avoir regagné la rue, j'ai instinctivement levé les yeux vers vos fenêtres, et, derrière l'une d'elles, j'ai fort bien reconnu votre silhouette.

« J'ai même eu l'impression très nette que vous étiez en train de vous coiffer d'une perruque et de vous coller une fausse barbe au menton.

— Moi! s'écriait le savant, une fausse barbe, une perruque? Pourquoi, diable, voulez-vous que je me sois affublé ainsi de ces postiches?

« Je crains, monsieur Chantecoq, que votre imagination de détective ne vous entraîne un peu trop loin.

— C'est possible, après tout, feignait de concéder le fin limier. Mais, alors, je vous serais reconnaissant de bien vouloir éclairer certains points demeurés encore assez obscurs en mon esprit.

— Lesquels?... s'exclamait Courtil, qui ne s'apercevait pas qu'il s'engageait de plus en plus dans une passe d'armes au cours de laquelle il risquait de s'enferrer à chaque instant.

— Procédons avec ordre et méthode, déclarait Chantecoq, qui sentait que, maintenant, il dominait de plus en plus son interlocuteur.

« Je dois commencer par vous dire que, depuis le moment où je suis descendu chez vous, après avoir vainement sonné à votre porte, l'entrée de votre immeuble n'a pas cessé un seul instant d'être l'objet d'une rigoureuse surveillance, et j'ai acquis ainsi la certitude qu'en dehors d'un homme âgé à barbe blanche, personne n'en avait franchi le seuil.

« De deux choses l'une : ou vous êtes resté chez vous, ou vous en êtes sorti camouflé.

« Or, vous n'êtes pas resté chez vous, puisque je vous ai vu rentrer. Donc, vous êtes l'homme à la barbe blanche.

Coincé par ce magistral raisonnement, Courtil, néanmoins, se défendait.

— Qui vous dit, monsieur Chantecoq, qu'il n'y ait pas d'autre issue à cette maison et que, cette issue, j'ai très bien 'pu la prendre pour sortir.

— Alors, pourquoi ne l'avez-vous pas reprise pour rentrer?

— Je ne 'dois rendre compte de mes actions à personne.

— C'est un argument que j'ai souvent entendu employer par des gens, qui, ainsi que vous, avaient un puissant intérêt à dissimuler les dessous de leur existence.

— Monsieur Chantecoq, je vous avertis que vous commencez à mettre ma patience à bout.

— Pourquoi?

— Vous cherchez à me duper.

— Moi?

— Oui, vous!

— Comment cela?

— Tout à l'heure, vous m'affirmiez que vous ne me soupçonniez pas d'être le *Tueur de femmes.*

— Je suis prêt à vous le répéter.

— Alors?...

— J'ajouterai simplement que je suis sûr que vous êtes l'homme à la barbe blanche.

— Et quand cela serait?

— Quand cela serait?... répétait Chantecoq avec un sourire d'une ironie aiguë. Quand cela serait? Cela prouverait de la façon la plus claire, la plus péremptoire, la plus indiscutable, que j'avais raison non pas *de soupçonner, mais d'être sûr* que 'c'est vous l'assassin de toutes ces malheureuses...

Une lueur terrible flamba dans les yeux de l'homme traqué qu'était le savant. Et d'une voix tremblante de menace et non de peur, il martela :

— Prenez garde, monsieur Chantecoq, prenez garde !

— A quoi ?

— En ce moment, vous êtes à ma merci.

— Je crois que c'est vous plutôt qui êtes à la mienne.

— Nous allons bien voir...

Et le roi des détectives, qui avait vu Courtil quelques secondes auparavant plonger la main dans l'un des tiroirs entr'ouverts de sa table, étendit le bras vers lui comme s'il voulait l'empoigner au collet.

Mais avec une promptitude effarante, Courtil lui saisissait le poignet et lui faisait une piqûre à l'aide d'une aiguille que, subrepticement, il avait prise dans le tiroir.

Chantecoq s'effondra lourdement sur le parquet. Immobile, la bouche entr'ouverte, l'œil fixe, les narines frémissantes, le savant contempla sa nouvelle victime, qui semblait avoir été instantanément foudroyée par le toxique qu'il venait d'infiltrer en lui.

Puis, il gagna le fond de son bureau, ouvrit une porte qui donnait dans une sorte de cabinet noir qui n'avait pas d'autre ouverture.

Il revint ensuite vers Chantecoq, qui observait toujours une rigidité cadavérique, et l'empoignant par les pieds, il voulut le traîner jusqu'au cabinet. Mais il ne s'en fut pas loin.

En effet, ressuscitant tout à coup et se redressant tel un diable sortant d'une boîte, le roi des détectives assommait à moitié son adversaire d'un redoutable direct du gauche à la mâchoire, et, tout en le retenant dans ses bras, afin de l'empêcher de choir, il le transportait dans le cabinet noir et sans issue, l'y enfermait à double tour, en ayant soin de laisser la clef dans la serrure.

Cette besogne accomplie en moins de temps qu'il n'en faut pour la décrire, Chantecoq se précipitait vers la fenêtre, qui donnait sur la rue, et l'ouvrait toute grande.

Puis, se penchant au dehors, il lança un « hop ! » retentissant, qui fit lever la tête à M. Lereni et à Météor.

Ceux-ci, conformément aux directives du maître, avaient continué à monter une garde vigilante devant la maison du professeur.

D'un geste significatif, le fin limier les invita à le rejoindre, ce qu'ils firent aussitôt.

Chantecoq leur ouvrit la porte et les accueillit par ces mots :

— C'est fait : j'ai la preuve que c'est lui et je le tiens. Suivez-moi.

Le roi des détectives les conduisit aussitôt dans la chambre où venait de se dérouler la scène que nous avons décrite.

— Il est là, fit le policier privé, en leur désignant le cabinet noir.

Et il ajouta :

— Je l'ai mis knock-out, mais il vaut mieux prendre nos précautions.

Il s'arma d'un browning qu'il prit dans la poche de son veston et, s'approchant de la porte du cabinet, il colla son oreille contre le panneau.

Aucun bruit ne se faisait entendre.

— Il ne doit pas encore être revenu à lui, murmura Chantecoq.

Néanmoins, avec la prudence qui le caractérisait, il tourna tout doucement la clef dans la serrure. Comme la porte grinçait sur ses gonds, le limier eut un cri de colère !

Le réduit était vide : le professeur Courtil avait disparu !

X

LA CHASSE A L'HOMME

Le roi des détectives, qui contenait avec peine la colère intérieure dont il vibrait, s'écriait, les sourcils froncés :

— Ce serait à croire que ce bandit est beaucoup moins fou que je ne le supposais.

Il se tut, car ce n'était pas le moment de parler, ni de raisonner, mais d'agir.

Faisant signe à ses deux compagnons de garder le silence, il pénétra dans le cabinet et commença à en sonder les murailles avec la crosse de son revolver.

Puis, revenant vers M. Lereni et Météor, il leur dit :

— Il est certain que ce réduit possède une issue secrète qui doit donner dans un appartement voisin que Courtil a dû louer sous un nom d'emprunt, à moins qu'il ne s'y soit assuré des accointances...

« Ce n'est pas le moment de rechercher par où et comment le *Tueur de femmes* a pu s'enfuir, mais de nous efforcer de retrouver sa piste.

« Je vais réveiller la vieille Scholastique, qui couche dans l'appartement, et m'efforcer d'obtenir d'elle quelques renseignements.

« Météor, reste ici... Mon cher Lereni, veuillez m'accompagner.

La chambre de la servante était située à l'autre bout de l'appartement.

Chantecoq et son ami n'eurent pas beaucoup de peine à la trouver.

En effet, en pénétrant dans le salon d'attente que nous connaissons, ils entendirent des ronflements sonores et prolongés, qui les guidèrent immédiatement vers la chambre de Scholastique.

Ils constatèrent que celle-ci ne s'était pas enfermée et pénétrèrent, sans la moindre difficulté, dans la pièce.

La brave femme dormait, comme toujours, d'un sommeil de plomb. A plusieurs reprises, Chantecoq toussa. Lereni l'imita, mais elle ne broncha pas.

Ils se mirent à remuer les meubles, firent même tomber une chaise. Ces bruits successifs ne produisirent aucun résultat.

Chantecoq se décida à prendre la dormeuse par le bras et à la secouer doucement, d'abord, puis avec une énergie croissante.

La pauvre Scholastique fit enfin entendre un grognement de vague protestation ; puis, elle tenta de se retourner du côté de la muraille. Mais elle n'y parvint pas.

Le roi des détectives la maîtrisait de sa poigne de fer. La servante eut un cri de douleur.

— C'est vous, monsieur le professeur ? Oh ! lâchez-moi, vous me faites mal !

Chantecoq desserra un peu son étreinte. Puis il entendit Scholastique murmurer :

— Le voilà encore qui a sa crise... Quand il est comme ça, j'ai toujours peur qu'il me fasse du mal.

— Rassurez-vous, madame, répondit le roi des détectives à très haute voix. Il ne vous sera fait aucun mal.

— Comment ! sursauta l'excellente femme, vous n'êtes pas Monsieur ?

— N'ayez aucune crainte, s'empressait de

déclarer le grand limier. Je suis un ami qui vient vous sauver d'un grand péril et vous empêcher d'être compromise dans une affaire dont les conséquences pourraient être plus que fâcheuses pour vous.

— Ce n'est pas possible?... Je rêve ! murmurait Scholastique.

Chantecoq, qui avait découvert le commutateur placé à la tête du lit, alluma l'électricité.

A la vue de ces deux hommes à l'air grave, mais bienveillant, qui se tenaient à son chevet, la pauvre vieille tressaillit.

En proie à une frayeur intense et joignant les mains, elle fit avec épouvante :

— Bien vrai, vous ne voulez pas nous assassiner?

— Ce n'est pas précisément notre rôle, martelait le roi des détectives.

Et il ajouta :

— Allons, madame, remettez-vous d'une émotion que nous nous excusons d'avoir provoquée... Encore un coup, n'ayez pas peur.

Dominée par son interlocuteur, la servante dirigea sur lui un regard encore angoissé. Puis, elle balbutia :

— Je vous reconnais... Vous êtes venu voir M. le professeur. Vous êtes sorti avec lui. Vous êtes monsieur... Comment donc, déjà?... vous vous appelez?...

— Chantecoq.

— C'est cela !...

— Et voici mon ami, M. Lereni, le directeur de la police judiciaire.

— La police, s'effarait la bonne vieille. Mais je n'ai commis aucun méfait; jamais je n'ai fait de tort à personne ; j'ai un fils qui est prêtre et même vicaire à la cathédrale de Vannes. Vous pouvez prendre des renseignements sur moi...

Interrompant le cours de ces protestations dont l'accent de sincérité parfait eût suffi à dissiper tout soupçon, le grand limier reprenait :

— Ne vous tourmentez pas ainsi, madame. Vous n'êtes nullement en cause. Et vous ne serez jamais inquiétée, si vous ne vous faites pas prier pour nous dire, à M. Lereni et moi, toute la vérité et rien que la vérité.

Eplorée, Scholastique s'écriait :

— Il est arrivé malheur à mon maître ?

— Non, non, affirmait nettement Chantecoq.

— Si, si, s'obstinait la maman du vicaire. Vous ne voulez pas me le dire, mais j'en suis sûre. C'est bien de sa faute ? Aussi je lui avais bien prédit.

A force de manier des drogues dangereuses, il aura fini par s'empoisonner.

Heureux de constater que la servante répondait d'avance aux questions qu'il avait l'intention de lui poser, Chantecoq reprenait :

— Qu'est-ce donc que ces drogues dangereuses dont vous parlez?

— Je n'en sais rien. Tout ce que je puis vous dire, c'est qu'un jour, nous étions encore à Rosporden, il m'a montré un petit tube de verre qui contenait du liquide blanc comme de l'eau. Et il m'a dit :

« — Avec ça, j'ai de quoi tuer cent personnes ! »

« Alors, je me suis sauvée, tant j'ai eu peur !...

Chantecoq reprenait :

— Vous n'avez pas pensé à lui demander à quel usage il destinait le poison foudroyant ?

— Ma foi, non, répondait bonassement Scholastique. C'est un si digne homme que je n'ai pas songé un seul instant qu'il pouvait se servir de cela contre le monde !

Et, prête à pleurer, elle ajoute :

— Alors, il s'est empoisonné ?

— Non, madame, je vous l'affirme, je vous en donne même ma parole d'honneur.

— Et moi aussi, appuyait le directeur de la police judiciaire.

— Alors, interrogeait la servante, que faites-vous ici, tous les deux, au milieu de la nuit ?...

— Nous vous le dirons tout à l'heure, répliquait Chantecoq. Mais, auparavant, je voudrais que vous répondiez franchement à la question que je vais vous poser.

— Dites, monsieur, vous pouvez être tranquille. Ce n'est pas moi qui chercharai à vous tromper, d'abord, parce que la mère d'un prêtre ne peut pas mentir ; puis, parce que vous m'avez l'air tous deux de si honnêtes gens que, maintenant, je n'ai plus peur de vous et que j'ai même confiance.

— Vous avez raison, madame, déclarait Chantecoq. Loin de vous causer le moindre mal, M. le directeur de la police judiciaire et moi, nous sommes tout disposés à vous défendre, au cas, peu probable d'ailleurs, où vous serez accusée !

— Accusée ?... De quoi, mon Dieu ?... s'écriait Scholastique.

— Madame, reprenait Chantecoq de sa voix si persuasive, vous venez à l'instant de vous écrier, en parlant de votre maître :

« — Alors, il s'est empoisonné ? »

« Vous sembliez indiquer par là que vous redoutiez qu'il ne se suicidât ?

— Je l'ai craint pendant longtemps, répliquait la servante avec toute la netteté désirable, surtout après la mort de Madame. Il ne voulait plus vivre, et mon défunt mari et moi nous nous demandions s'il se consolerait jamais.

— Cependant, il a oublié, insinuait M. Lereni.

— Non, répliquait Scholastique. Il pense toujours à sa pauvre femme. Elle était si belle !... Il l'aimait tellement !... Alors, des fois, ça lui donne des crises...

— Quelles crises ?

— La nuit, il se réveille tout d'un coup, il s'habille et se met à se promener dans l'appartement, tout en poussant de grands soupirs... Une fois, je l'ai trouvé sur les deux heures du matin dans son salon assis sur un canapé, la tête entre les mains, sanglotant.

« Il ne m'a pas vue, il ne m'a pas entendue, et je n'ai pas voulu me montrer à lui, parce que j'ai pensé que cela le gênerait peut-être de se dire que je l'avais surpris comme ça, lui qui est si fier !

« Une autre nuit, où je ne dormais pas, il entra dans ma chambre.

« Alors, toute surprise, je lui ai dit :

« — Monsieur, qu'est-ce que vous voulez ? »

« Il ne m'a rien répondu. Il avait les yeux fermés et il marchait comme un fantôme. Il est reparti comme il était venu, sans ouvrir les paupières, sans desserrer les dents, et, pourtant, sans se heurter à aucun meuble.

« Je l'ai suivi, car j'avais peur qu'il ne lui arrivât malheur. Il est rentré dans son cabinet de travail ; il s'est enfermé à double tour.

« C'est tout de même bizarre, messieurs, et pourtant cela s'est passé comme je vous le raconte ; je n'invente rien, je vous dis la vérité, comme vous me l'avez demandé, monsieur, rien que la vérité.

« Mais ce n'est pas tout : avant-hier, j'étais en train de faire sa chambre. c'était le matin, et il était dans son bureau, tout seul, en train encore de manier ses tubes.

« J'ai cru que l'on sonnait à la porte d'entrée ; je n'en étais pas bien sûre ; je suis assez dure d'oreille ; mais comme je ne voulais pas laisser les gens sur le palier, je suis tout de suite aller voir.

« Pour me rendre dans l'antichambre, j'ai dû traverser le cabinet de travail de M. le professeur. Aussitôt qu'il m'a vue, il a renfermé ses tubes dans un tiroir et il s'est mis à me crier :

« — Vous pourrier bien frapper avant d'entrer. »

« Il avait l'air très en colère. Je ne l'avais même jamais vu comme cela, depuis bientôt vingt-cinq ans que je suis à son service.

« Je me suis excusée de mon mieux. Il m'a envoyée promener... Pour un rien, je crois qu'il m'aurait bousculée, lui qui est si bon pour moi !

« Quand j'ai voulu revenir pour terminer mon travail, il s'était enfermé à clef et je ne l'ai pas revu jusqu'à l'heure du déjeuner. Alors, il m'a dit d'un ton très radouci :

« — Il ne faut pas m'en vouloir si je vous ai un peu rudoyée ce matin. Quand je suis en train de travailler, je ne peux pas supporter que l'on me dérange, surtout sans me prévenir... »

« Ce langage m'a un peu surprise, car il m'était arrivé bien des fois d'entrer dans le bureau de Monsieur quand il était en train d'écrire ou qu'il se penchait sur ses bouquins, et jamais il ne m'avait adressé aucun reproche...

« Je n'ai rien dit ; j'ai continué mon petit traintrain comme d'habitude.

« Je vous dis tout cela, messieurs, parce que je vous ai promis de ne rien vous cacher.

« Maintenant, voulez-vous être assez bons pour me rassurer tout à fait sur le sort de mon patron ? Il a toujours été si bon envers moi, et je lui suis tellement attachée que, s'il lui arrivait malheur, je crois que je ne m'en consolerais pas !

— Vous êtes une trop brave femme, reprenait Chantecoq, pour que je vous fasse la moindre peine, mais vous êtes aussi une trop honnête personne pour que je ne commence pas à vous ouvrir les yeux sur votre maître.

« Il se peut qu'il eût été fort bon envers vous et même vis-à-vis d'autres personnes.

« Quant à son génie, je ne le discuterai pas un seul instant. Cet homme eût été certainement un des plus illustres de France et même du monde entier.

— N'est-ce pas, monsieur ? s'extasiait Scholastique.

— Malheureusement, reprenait Chantecoq, tous les ennuis et toutes les déceptions qu'il à éprouvés au cours de sa carrière avaient déjà ébranlé considérablement son système nerveux.

« La mort de sa femme et, peut-être encore davantage, les circonstances qui l'ont précédée ont achevé de rompre son équilibre mental ; une lésion cérébrale s'est produite en lui et, depuis longtemps déjà, le professeur Courtil, ma pauvre dame, a perdu sinon tout à fait la raison, mais tout au moins en grande partie.

« C'est ce qu'on appelle un demi-fou. Ces demi-fous sont les plus dangereux de tous. La plupart du temps, on ne soupçonne pas leur état, et il est impossible de les empêcher de nuire.

« Je vous demande pardon de vous causer cette peine, mais je n'ai pas le droit de vous dissimuler davantage qu'il faut vous attendre ici à des événements graves et même très graves.

« Si j'ai un conseil à vous donner, je crois que vous feriez mieux de vous en retourner en Bretagne vivre auprès de votre fils l'abbé.

La pauvre Scholastique, retenant à grand'peine ses larmes, s'écriait :

— Je crois comprendre : on va enfermer ce pauvre Monsieur dans une maison de fous...

Chantecoq reprenait :

— Pour cela, faudrait-il savoir où il se trouve.

— Comment ! il n'est pas ici ?

— Non, répliquait le roi des détectives. Tout à l'heure, il était dans son bureau ; je parlais avec lui, lorsqu'il s'est levé et il s'est dirigé vers une porte qu'il a ouverte, puis il a disparu. Il m'a été impossible de le retrouver.

Comme Scholastique roulait des yeux effarés, Chantecoq lui demandait :

— Vous ne vous êtes jamais aperçue qu'il existât dans cet appartement d'autres portes d'entrée que celles qui donnent sur le palier ?

— Mon Dieu ! non, monsieur.

— Vous en êtes absolument sûre ?

— Oh ! oui, très sûre, tout à fait sûre.

Soudain, Scholastique s'écria :

— Pourvu qu'il ne se soit pas jeté par la fenêtre !

— C'est impossible, affirmait le roi des détectives, puisque, dans le réduit où il s'est rendu, il n'y avait aucune espèce d'ouverture, autre que celle par où il est entré.

— Ah ! oui, le cabinet noir, déclarait Scholastique. Alors, je ne comprends plus, je ne sais plus !

« Ah ! mes bons messieurs, j'en ai la fièvre. Maintenant, je ne vais plus oser rester seule dans cette maison.

— Tranquillisez-vous, s'écriait Chantecoq, vous êtes sous notre sauvegarde, et il ne vous arrivera rien de fâcheux.

« Vous allez vous habiller tranquillement. Le directeur de la police judiciaire va laisser ici un de ses agents, qui, lorsque nous serons partis, restera près de vous. De cette façon, vous n'aurez rien à craindre.

« Soyez tranquille, nous ne vous abandonnerons pas, bien au contraire.

Et, s'adressant à Lereni, le grand limier fit :

— Maintenant, mon cher, laissons cette bonne dame achever de reprendre tous ses esprits et retournons dans le cabinet du professeur.

Le roi des détectives et le policier officiel se hâtèrent de gagner le bureau d'où Météor n'avait pas bougé.

— Rien de nouveau ? lança Chantecoq.

— Rien, patron.

— Tu n'as entendu aucun bruit insolite ?

— Aucun.

— Nous venons de voir Mme Scholastique. Elle ne nous a donné aucun renseignement capable de nous mettre sur la piste du *Tueur de femmes* ; en tout cas, ce qu'elle nous a dit n'a pu que nous confirmer que ce véritable monstre était un demi-fou, ainsi que nous l'avions déjà pensé.

« Maintenant, mon cher Lereni, je vais vous demander un service.

— Je vous en prie, mon cher maître.

— Météor a pu recueillir au vol le numéro de la voiture qui avait emmené le professeur Courtil.

« Grâce à ce numéro, à moins qu'il n'ait été maquillé, cela est un jeu pour vous, mon cher ami, que de connaître le nom de son propriétaire.

Météor passa à M. Lereni le papier sur lequel il avait inscrit le numéro de la mystérieuse voiture.

Lereni s'empara de l'appareil téléphonique, qui était placé sur le bureau du savant, et il demanda la communication avec son secrétaire de service.

Lorsqu'il l'eut obtenue, il lança dans l'appareil :

— C'est vous, Clermier ? Ici, le directeur Lereni. Voulez-vous tout de suite 'me rechercher le nom du propriétaire de l'auto 31.27-RB.

Aussitôt que vous l'aurez, envoyez-le-moi ;

attendez que je cherche à quel numéro.

Chantecoq, qui était doué d'une mémoire formidable, précisa :

— Littré 78-91.

M. Lereni répéta le numéro et raccrocha l'appareil.

— En attendant, décidait le roi des détectives, je crois que nous pourrions nous livrer ici à une petite perquisition, grâce à laquelle nous pourrions peut-être obtenir d'avantageux résultats.

— J'allais vous le proposer, déclarait M. Lereni.

— Toi, mon petit Météor, reprenait le grand limier, je vais te demander de te rendre dans l'antichambre et de surveiller la porte. Car on ne saurait trop prendre de précautions, surtout au moment où se joue la partie décisive.

Météor obéit aussitôt et quitta la pièce.

Chantecoq prit dans sa poche un trousseau auquel étaient suspendus des clefs et des crochets de toutes dimensions et de toutes formes.

— Voilà, fit en souriant M. Lereni, un véritable attirail de cambrioleur.

Chantecoq répliquait :

— C'est, en effet, l'arsenal d'un bandit international au collet duquel j'ai réussi, il y a quelques années, à mettre la main. Seulement, je l'emploie d'une autre manière.

« Grâce à cette précieuse collection et à la condition de savoir s'en servir, je ne connais guère de serrure qui soit capable de me résister.

Chantecoq s'approcha de la table de travail du professeur Courtil, et, choisissant dans son trousseau un petit instrument bizarre, qui tenait à la fois de la clef ordinaire, de la pince monseigneur et de la clef anglaise, après l'avoir adapté au calibre de la serrure qu'il voulait faire fonctionner, il l'introduisit délicatement dans l'ouverture, et, aussitôt, sans le moindre effort, sans la plus légère difficulté, il en tira le tiroir à lui.

Il était rempli de petites boîtes en bois rectangulaires, qui portaient toutes une étiquette sur laquelle étaient inscrits des chiffres, dont, seul, le professeur connaissait la signification. Chantecoq s'empara de l'une de ces boîtes et l'ouvrit.

L'intérieur renfermait, couchés sur de l'ouate, une dizaine de tubes contenant un liquide incolore.

— Il n'y a pas en douter un seul instant, fit le roi des détectives, ces ampoules contiennent le poison dans lequel le *Tueur de femmes* trempe les aiguilles avec lesquelles il pique ses victimes.

« Mon cher Lereni, vous n'avez qu'à saisir une de ces boîtes et à l'emporter à la Préfecture de police qui fera le nécessaire. Elle nous fournira ainsi la preuve absolue que le professeur Courtil est bien 'le mystérieux assassin que vous recherchez depuis plusieurs semaines.

— Il ne nous restera plus qu'à l'arrêter, ponctuait M. Lereni. J'imagine que maintenant cela sera moins difficile que je le craignais tout d'abord.

Et le roi des détectives ajouta :

— Continuons nos recherches, en attendant que l'on nous envoie le numéro 'de l'auto...

Chantecoq et M. Lereni poursuivirent leurs investigations 'et découvrirent plusieurs documents qu'ils durent trouver du plus grand intérêt, car ils se pressèrent de les placer dans une grande enveloppe jaune qu'ils trouvèrent sur le bureau du professeur et qu'ils allaient cacheter à la cire.

Comme ils terminaient cette opération, une sonnerie de téléphone retentit. Lereni saisit l'appareil : c'était son secrétaire de service qui lui envoyait le nom et l'adresse du propriétaire de l'auto repérée par Météor : il s'appelait Will Strimer et demeurait 67, avenue de Breteuil.

— Will Strimer ! s'exclama Chantecoq, auquel M. Lereni venait de communiquer ces renseignements. Mais je connais ce nom-là. Parfaitement, c'est celui d'un soi-disant détective américain, fripouille notoire et que je m'étonne fort de voir encore en France, après toutes les actions douteuses et même malpropres dont il s'est rendu coupable.

Le directeur de la police judiciaire reprenait, non sans une certaine mélancolie :

— Vous savez, mon cher maître, combien il est difficile à un Français honnête de séjourner en Amérique. Vous ne m'apprenez rien, hélas ! en me faisant constater combien il est difficile de mettre en dehors de la France un Américain malhonnête.

— Vous avez raison, disait Chantecoq, mais, en tout cas, celui-là ne tardera pas à avoir son compte.

« Maintenant, le seul point obscur qui restait en mon esprit s'éclaire d'une façon lumineuse.

« Je me demandais, en effet, comment le professeur Courtil pouvait si bien connaître le nom, la personnalité et, j'ajouterai, la culpabilité de toutes les femmes adultères qu'il a expédiées dans l'autre monde.

« Je pressentais naturellement qu'il avait un complice. Eh ! parbleu ! le voici : c'est Will Strimer, ce bas détective américain, homme de toutes les sales besognes et au besoin de toutes les infamies.

« Ce qui me trouble encore un peu, c'est que ce sacripant ne devait pas accorder ses services gratuitement au *Tueur de femmes*. Il est même certain qu'il devait les lui faire payer très cher.

— Tant par tête, soulignait Lereni.

Chantecoq poursuivait :

— Après les déclarations que Scholastique a faites à Météor au cours d'une précédente enquête, déclarations qui m'ont été très fidèlement transmises ainsi que le fait toujours mon secrétaire, et dont je n'ai aucune espèce de raison de suspecter la sincérité, le professeur Courtil aurait une fortune d'environ cent mille francs de rente.

« Ainsi que vous le savez, mon cher ami, par le temps qui court, on ne va pas très loin avec un pareil capital, à moins que ce Courtil, pour satisfaire son atroce manie, ait résolu de sacrifier entièrement jusqu'à son dernier centime ; c'est une question dont le juge d'instruction aura à s'occuper plus tard. Le principal est de mettre le grappin sur l'assassin et son complice. Je vous demande, mon cher Lereni, de me laisser agir en conséquence. Je vous promets de vous livrer les deux coupables dans le plus bref délai. Je tiendrai ma parole.

« Pour qu'il n'y ait ni malentendu, ni surprise, ne répondez à mon appel que si c'est *Cocorico* qui vous demande.

« Maintenant, nous n'avons plus rien à faire ici. Il est certain que le professeur Courtil n'est pas près de réintégrer son domicile. Cependant, je vais laisser Météor en faction. Je vous prierai de bien vouloir le faire remplacer dès que cela vous sera possible par un de vos meilleurs inspecteurs, auquel vous donnerez toutes les instructions nécessaires.

— Très bien, mon cher maître.

— Moi, je m'en vais maintenant me lancer à la chasse à l'homme ou plutôt aux deux hommes, dont il s'agit avant tout de débarrasser la société.

— Et moi, reprenait le directeur de la police judiciaire, que vais-je faire dans tout ceci ?

— Rentrer chez vous vous coucher tranquillement ; dormir comme un homme qui a la conscience entièrement tranquille et qui, je l'espère bien, sera réveillé, s'il prolonge son sommeil jusqu'à sept heures du matin, par un cocorico sonore et triomphateur.

« Alors, vous accourrez pour que je remette entre vos mains l'un des plus intéressants gibiers qui m'ait été donné de forcer au cours de ma déjà longue carrière.

— Je vois, mon cher maître, s'exprimait M. Lereni, que j'ai bien fait de m'adresser à vous. Vous êtes et vous serez toujours notre maître à tous.

— Mon cher, reprenait le roi des détectives, vous n'aviez pas besoin de me faire ce compliment pour que je vous déclarasse combien j'étais enchanté de vous rendre service.

« Soyez persuadé que, chaque fois que

j'en rencontrerai l'occasion, je la saisirai avec l'empressement le plus vif.

« Maintenant, filons, car j'ai pas mal de choses à débrouiller avant le jour. Il est déjà une heure du matin.

Tous deux regagnèrent l'antichambre. Chantecoq prévint son secrétaire que Scholastique, habillée comme si elle était prête à sortir, allait rejoindre cette antichambre :

— Tu vas veiller sur cette brave femme, ajouta-t-il, et sur le reste, en attendant que M. le directeur de la police judiciaire te fasse relever de ta faction.

« Alors, tu rentreras directement avenue de Verzy, tu ne te coucheras pas et tu attendras dans mon bureau un coup de téléphone de moi, qui te dira ce que tu as à faire.

— Bien, patron, acquiesça Météor.

Chantecoq et Lereni regagnèrent la rue. Le grand limier se dirigea vers sa Talbot, qui était restée à quelques mètres de là, près du trottoir.

Chantecoq proposa à son ami :

— Voulez-vous que je vous reconduise jusque chez vous ?

M. Lereni refusa :

— C'est inutile, dit-il, j'habite tout à côté d'ici, rue de Rennes. Je ne veux pas vous prendre une seule parcelle de votre temps si précieux.

Chantecoq ouvrit la portière de sa voiture qu'il avait fermée à clef, s'installa au volant et partit à belle allure.

Il gagna les quais. Lorsqu'il se trouva devant la gare d'Orsay, il stoppa, à l'endroit où stationnent les taxis pendant la journée, et, fermant ses stores, il enjamba la banquette sur laquelle il était assis, souleva les coussins de l'arrière de la voiture, qui contenait un coffre à secret qu'il ouvrit aussitôt et dans lequel il plongea la main.

Quelques instants après, Chantecoq reprenait le volant sous un aspect différent du précédent. Ce n'était plus Chantecoq en chair et en os, mais, un homme à l'aspect respectable de notaire de province, qui semblait tout égaré de se trouver dans la capitale. Il ne portait pas de favoris, comme de nombreux basochiens du siècle précédent, mais une barbe assez abondamment fournie, ou plutôt mal taillée ; la moustache, tout particulièrement, semblait avoir poussé dans tous les sens.

En tout cas, une chose que l'on pouvait affirmer, c'est qu'il était absolument méconnaissable.

Il conduisit sa voiture dans un garage voisin de la gare d'Orsay et il pria qu'on la lui gardât jusqu'au lendemain.

De là, il s'en fut à l'hôtel de la gare d'Orsay, demanda une chambre avec salle de bains et téléphone communiquant avec la ville. Tout en parlant au surveillant de nuit, il avait, sans en avoir l'air, manipulé un portefeuille bourré de billets de banque.

Aussi fut-il tout de suite donné droit à sa demande. On lui demanda s'il n'avait pas de bagages, il répondit :

— J'ai laissé par mégarde ma valise dans le train, mais j'ai fait le nécessaire, et j'espère que, demain matin, je l'aurai récupérée.

Il n'insista pas et on fit immédiatement conduire par un garçon Mᵉ Josset, notaire à Saint-Jean-La-Poterie, près Redon (Ille-et-Vilaine), dans la chambre qui lui avait été réservée. Là, après avoir refermé la porte à clef et s'être rendu compte rapidement de la disposition des lieux, il consulta un annuaire du téléphone déposé sur une table, saisit l'appareil et demanda le numéro Ségur : 52-47, qui était celui du policier Will Strimer.

Chantecoq ne tarda pas à entendre à l'autre bout du fil une voix qui lançait, avec un fort accent américain :

— Allô ! qui est là ? Allô ! qui me demande ?

Chantecoq répliquait :

— Maître Josset, notaire en Bretagne. Vous êtes bien Monsieur Will Strimer ?

— Oui, oui, c'est moi. Que désirez-vous ?

— Je viens d'être victime d'un vol important. Est-ce que vous ne pourriez pas venir me retrouver, car je pourrais, dès à présent, vous donner les indications nécessaires qui vous permettront de découvrir immédiatement le ou plutôt la coupable.

« Bien qu'il soit très tard, je vous serais tout particulièrement reconnaissant de vous déranger.

« Je commence par vous dire que je suis prêt à vous verser en provision un chèque de dix mille francs. Vous voyez que l'affaire en vaut la peine.

— Où vous trouvez-vous en ce moment ? interrogeait l'Américain.

Chantecoq répliquait :

— A l'hôtel de la gare d'Orléans, où je viens d'être dépouillé de la façon la plus extraordinaire.

« Vous n'aurez qu'à demander Maître Josset, notaire. D'ailleurs, le numéro de ma chambre est 121.

Le détective américain, ou plutôt le bas policier, le mouchard à gages qu'il était, répliquait :

— Je serai près de vous dans une demi-heure.

En effet, Will Strimer, ne se doutant pas un seul instant du piège que lui tendait le plus grand limier du monde, se sentait attiré par l'appât puissant qu'était pour lui une aventure sans doute fort compromettante à laquelle était mêlé un honorable tabellion de province, qui, pour étouffer un scandale, devait déjà être prêt à tous les sacrifices.

Aussi, une demi-heure après, se présentait-il à l'hôtel de la gare d'Orsay, où Chantecoq se préparait à lui tendre un piège dans lequel Will s'était précipité tête baissée, car il n'était pas d'une bien grande finesse, et, seul, son manque de scrupules absolu, ses procédés dénués de la plus élémentaire probité, lui avaient valu quelques succès dans une clientèle qui ne passait pas précisément pour être exigeante quant au choix de ceux qu'elle prenait à son service.

L'Américain s'en fut à la caisse demander au gérant de nuit M. Josset. Le gérant s'empara d'un téléphone privé et demanda au faux notaire s'il consentait à recevoir M. Will Strimer.

La réponse fut naturellement affirmative. et guidé par un garçon, le détective américain prit l'ascenseur. Quelques instants après, il frappait à la porte de la chambre occupée par notre Chantecoq national. Celui-ci, ainsi que nous l'avons déjà vu et que nous allons voir encore, était passé maître dans l'art de composer les personnages dont il se distribuait les rôles.

Admirablement camouflé à un tel point que, même tout près de lui, il était impossible de s'apercevoir qu'il était affublé d'une fausse barbe et d'une fausse perruque, il s'avança, les mains tendues, vers le détective américain, qui, tout en le toisant dédaigneusement, se disait :

« En voilà un qui ne va pas peser lourd entre mes mains.

— Monsieur le détective, attaquait le prétendu maître Josset, combien je vous suis reconnaissant d'être accouru à mon appel, car vous allez me sauver mieux que la vie, c'est-à-dire l'honneur.

— Je ne m'engage à rien, répliquait en nasillant le détective d'outre-Atlantique.

Prenant un air important, il fit :

— Tout d'abord, avant d'entamer le moindre pourparler, je serais désireux de savoir pour quelles raisons vous vous êtes adressé à moi de préférence à tout autre.

Sans la moindre hésitation, Chantecoq répliquait :

— A la suite de la mésaventure qui vient de m'arriver et que je vous raconterai tout à l'heure, je me suis fait vite monter un Bottin et j'ai cherché l'adresse du détective privé qui demeurait le moins loin d'ici. Il s'est trouvé que c'était vous. Et voilà pourquoi je vous ai appelé, de préférence à tout autre, car, ainsi que vous allez le voir, les choses ont besoin d'être menées très rondement. Voici donc...

Chantecoq allait entamer le récit qu'il avait déjà imaginé de toutes pièces. Mais d'un geste brusque, brutal même, qui prou-

vait combien sous ses apparences de gentleman correct et bien racé, il était dénué de toute espèce d'éducation, Will Strimer l'interrompit, en disant :

— Une autre question. Pourquoi ne vous êtes-vous pas adressé plutôt à la police officielle de votre pays ?

— Parce que, ainsi que je viens de vous le dire, mon honneur est en jeu.

Prenant un air sévère, Will s'écriait :

— Auriez-vous commis une indélicatesse ?

— Moi, protestait le faux notaire avec tout le talent d'un merveilleux comédien, moi, une indélicatesse ? Ah ! monsieur, on voit bien que vous ne me connaissez pas. Depuis plus de trois siècles, les Josset ont été notaires de père en fils à Saint-Jean-la-Potterie et tous les habitants de cette petite cité, modeste et laborieuse, ainsi qu'à dix lieues à la ronde, vous diront : « Jamais un Josset n'a commis la moindre erreur ni causé le plus léger tort à son prochain ! »

Entièrement dupe, Will Strimer reprenait :

— Excusez-moi, monsieur, mais, avant de m'engager dans une affaire, surtout quand elle se présente d'une façon aussi inattendue, j'ai toujours pour principe de me documenter le plus possible sur les personnes auxquelles j'ai affaire.

— Avec moi, vous pouvez être tranquille, répliquait le roi des détectives.

— J'en suis persuadé et j'espère que vous ne m'en voulez pas de mon indiscrétion personnelle.

— Je vous approuve entièrement, déclarait gravement Chantecoq. Ces scrupules vous honorent et me montrent combien j'ai eu raison d'avoir confiance en vous.

« Moi-même, si j'étais policier privé comme vous, je n'agirais pas d'une autre manière.

« Mais, excusez-moi, monsieur Will Strimer, je ne m'aperçois pas que je vous ai laissé debout.

Et, tout en lui présentant un fauteuil placé près d'une table, il fit :

— Veuillez vous asseoir.

L'Américain s'installa aussitôt dans le fauteuil où il se carra avec le sans-gêne qui caractérise certains de ses compatriotes, qui, lorsqu'ils se trouvent en France, croient de bon ton de se conduire en hommes mal élevés.

Chantecoq prit place sur une chaise en face de lui et il attaqua :

— Depuis longtemps, je n'étais pas heureux en ménage. J'avais épousé par amour une jeune orpheline de Nantes, sans fortune, mais dont j'étais éperdument épris.

« Je m'aperçus bientôt, mais trop tard, hélas ! que mon amour n'avait pas trouvé le moindre écho dans le cœur de celle qui était devenue ma femme. Mais, comme je tenais à elle par-dessus tout, je résolus de tout mettre en œuvre pour la garder près de moi.

« Pensant bien qu'elle ne s'amusait pas beaucoup à Saint-Jean-la-Potterie et qu'elle avait besoin de distractions, je l'emmenais de temps en temps, le plus souvent possible, à Nantes où nous allions ensemble au théâtre, au cinéma, et même au music-hall.

« Moi, je vous avoue, ce genre de plaisir ne m'offre qu'un médiocre attrait... Mais

cela ne suffit pas à Colette... J'avais oublié de vous dire que ma femme s'appelle Colette.

— Cela ne fait rien, ponctua l'Américain, en tirant de sa poche une pipe qu'il se mit à bourrer sans même en demander la permission à celui dont il était l'hôte.

Chantecoq, ou plutôt maître Josset, poursuivait :

— Bientôt, elle se mit à me parler de Paris. Paris était l'objet de ses rêves. Pour elle, il n'y avait que là que l'on pouvait vivre heureux.

« Un jour, elle me déclara, à ma profonde stupéfaction, que, si je ne vendais pas mon étude et si je n'allais pas me fixer avec elle dans la capitale, elle s'en irait... parfaitement, monsieur, elle s'en irait toute seule... Elle me laisserait là dans mon coin, triste et abandonné.

« C'est en vain que je cherchais à faire revenir Colette sur sa décision. Il n'y avait rien à faire, ainsi que vous avez pu le constater. Je suis beaucoup plus âgé qu'elle et la pensée de perdre cette adorable enfant, qui était venue ensoleiller mon âge mûr de sa rayonnante jeunesse me donna des idées tellement noires qu'elle m'amena à me dire que, si elle me quittait, je me tuerais. Mieux valait donc partir avec elle.

« Quelque temps après, je vendis ma charge à un très bon prix. En y ajoutant quelques centaines de mille francs de fortune personnelle que je possède, j'avais de quoi vivre à Paris, sinon largement, mais, tout au moins, sans manquer de rien.

« D'ailleurs, mon intention était de fonder ou d'acheter un cabinet de consultations juridiques, qui m'eût augmenté mes revenus, car nous autres notaires de province, on peut parfois se moquer de nous, mais nous savons nous débrouiller, et même mieux que nos confrères des villes. L'art de la chicane n'a pas de secret pour nous.

« Enfin, passons... J'arrive au résultat.

« En attendant que je fisse transférer dans une banque de Paris mon capital que j'avais déposé à l'étude d'un de mes confrères redonnais, j'avais emporté sur moi une somme de cent mille francs, que j'avais cousue prudemment dans la doublure de mon veston.

« Nous prîmes le train ce matin... Colette semblait d'une humeur charmante ; nous déjeunâmes au wagon-restaurant, mal d'ailleurs ; mais Colette, trouvant tout exquis, je ne voulus pas lui enlever ses illusions, et je m'extasiais moi-même sur les œufs brouillés et sur les tranches de veau minces comme un courant d'air et auxquelles on avait ajouté quelques feuilles de salade.

« Lorsque nous arrivâmes ici, Colette était littéralement radieuse ; nous dînâmes à l'hôtel et, de là, tout de suite, elle voulut que nous allions assister à la revue des Folies-Bergère.

« Je ne voulus pas la contrarier pour si peu. Nous prîmes un taxi qui nous emmena dans le célèbre établissement de la rue Richer et nous passâmes une soirée excellente.

« Colette était tellement joyeuse, et moi tellement satisfait de la voir ainsi manifester son allégresse, que je lui proposais d'aller souper dans une boîte de nuit à Montmartre.

« Voyez, monsieur le détective, que j'étais prêt à tous les sacrifices. Mais, à ma grande surprise, Colette refusa, et m'appelant pour la première fois son chéri, elle me dit, qu'elle préférait rentrer directement à l'hôtel.

« Dans le taxi qui nous emmenait, elle s'appuya contre moi, mit sa tête contre mon épaule, provoquant un baiser qu'elle ne me rendit pas et qu'elle accepta du moins sans contrainte. Je nageais dans le bonheur. Je me figurais que j'allais peut-être connaître les félicités que je me croyais à jamais interdites et je remerciais Paris, ce grand Paris avec ses étincellements de lumière, ce Paris de l'instinct, que j'avais tant de fois maudit, haï, et qu'aujourd'hui j'adorais ; je le bénissais, parce que j'avais l'imprudente jobardise de me figurer qu'il allait m'ouvrir les portes du ciel.

Chantecoq avait lancé cette tirade avec un tel accent de sincérité et il observait une attitude si naturelle que, de plus en plus convaincu qu'il avait affaire à une poire qui ne demandait qu'à se laisser cueillir, Will Strimer, tout en aspirant de larges bouffées de tabac, estimait déjà à une cinquantaine de mille francs le profit qu'il allait tirer de cette affaire.

Chantecoq, qui avait repris haleine, poursuivait :

— Maintenant, j'en arrive au drame, à la catastrophe.

« J'aurais voulu être bref, mais j'estime qu'il était de mon devoir de vous communiquer tous ces détails.

L'Américain eut un signe d'approbation. Puis, il fit :

— L'affaire en valant la peine, je suis décidé à tout entendre, aussi bien qu'à tout faire.

Chantecoq reprenait :

— En rentrant à l'hôtel, je commençai par enlever mon pardessus, mon veston, que je laissais étendu sur le dossier d'une chaise, et je passais pendant quelques instants dans le cabinet de toilette.

« Lorsque j'en revins quelques minutes après, Colette avait disparu.

« Ah çà ! me disais-je, qu'est-ce qu'elle a bien pu devenir ? » Par où était-elle passée ? J'ai cru qu'elle se cachait pour me faire une niche, lorsque tout à coup, j'aperçus mon veston par terre. J'eus une instinctive inquiétude ; je le ramassais et je m'aperçus que la doublure avait été largement entaillée et que les cent billets de mille francs que j'avais enfermés dans cette cachette s'étaient volatilisés.

« J'en demeurais littéralement assommé pendant quelques instants ; puis, reprenant mes esprits, je jetai un coup d'œil sur mon veston, qui pendait lamentablement entre mes mains, et j'aperçus, épinglée à sa doublure, une enveloppe dont je m'emparais et que j'ouvris aussitôt.

« Cette enveloppe renfermait une lettre ainsi conçue :

« Monsieur,

« J'en ai assez de vivre avec vous. J'aime
« un grand artiste et je vais refaire ma vie
« avec lui.

« Je vous emporte une somme qui, certes,
« ne représente pas la valeur de la location
« de ma personne pendant les quatre années

« que j'ai dû subir votre tyrannie conjugale.

« Je me considère donc quitte envers vous
« et je vous tiens quitte envers moi !

« Adieu !

« COLETTE. »

Chantecoq reprenait, toujours plus que jamais dans la peau de son personnage :

— Si je vous demande de vous lancer à la poursuite de la fugitive, ce n'est pas que je tienne à elle ; mais je voudrais bien retrouver mon argent et je le désire d'autant plus que le grand artiste avec lequel elle prétend refaire sa vie, n'est autre qu'un immonde gigolo de dancing qu'elle a connu à Nantes et dont elle est évidemment plus que jamais éprise.

« Maintenant, je n'ai plus rien à vous dire. A vous de me répondre, si vous acceptez oui ou non la mission que je vous confie.

— J'accepte, déclarait l'Américain.

— Je vous remercie, ripostait le notaire. Maintenant, veuillez me dire quelles sont vos conditions.

Brutalement, à la manière américaine, Will Strimer décrétait :

— Signez pour moi un chèque de sept cents dollars, à titre de provision, et j'entrerai tout de suite en campagne.

— Sept cents dollars, répliquait le faux tabellion, en France, jusqu'à ce jour, nous avons conservé l'habitude de compter en francs.

— Eh bien ! cela fait environ dix-huit mille francs, concédait d'un air dédaigneux le détective yankee...

Chantecoq riposta :

— Je vais chercher mon carnet de chèques... Excusez-moi, je suis tellement chaviré par la catastrophe qui vient de s'abattre sur moi que je ne sais plus vraiment où donner de la tête...

L'Américain se figea dans une immobilité et un silence qui prouvaient clairement qu'il était bien décidé à attendre.

Affectant une attitude de plus en plus agitée, le roi des détectives se mit à fouiller dans les poches de son veston, tout en disant :

— Pourvu qu'elle ne l'ait pas emporté, lui aussi ! Au fait, non, car cela ne lui servirait à rien. Elle est incapable d'imiter ma signature.

« A moins qu'elle n'ait voulu me jouer un vilain tour. Avec des créatures de cette espèce, sait-on jamais jusqu'où les choses peuvent aller ?

Soudain, le grand limier poussa un cri de triomphe :

— Ah ! le voici.

Puis, revenant brusquement vers Will Strimer, qui, étendu dans son fauteuil, l'attendait en fumant sa pipe, les pieds étalés sur une petite table qui se trouvait en face de lui, il fit d'un ton inquiet, presque pleurard :

— Dites-moi, monsieur le détective : si, comme j'en suis persuadé, vous retrouvez ma femme, ne lui faites pas de mal !

— Moi, lui faire du mal ! s'étonnait l'Américain. Je n'en ai nullement l'intention.

— Cependant, objectait timidement Chantecoq...

— Cependant, quoi ? appuyait son interlocuteur.

— On m'avait dit, mais je n'ose pas vous le répéter.

— Vous avez bien tort de vous gêner avec moi...

— Je n'en crois d'ailleurs pas un mot.

— Eh bien ! précisez, vite, tout de suite.

— On m'avait dit...

Le fin limier s'arrêta encore.

L'Américain nasilla :

— Que j'étais brutal dans l'exercice de mes fonctions ?

— Oh ! pas du tout...

— Alors ? commençait à s'énerver le Yankee.

— Oh ! c'est ce méchant bruit que l'on fait courir. Enfin, on m'avait dit que c'était vous qui signaliez au *Tueur de femmes* les femmes adultères qu'ensuite il supprimait...

A cette phrase que le roi des détectives avait prononcée, en baissant la tête et en fermant à demi les yeux, comme s'il redoutait de rencontrer ceux de son interlocuteur, l'Américain se dressa d'un bond.

Chantecoq avait visé juste. Will Strimer s'écriait, en effet :

— J'y vois clair : vous êtes un agent de la Sûreté et vous avez voulu m'attirer dans un guet-apens. Eh bien ! tant pis pour vous !...

Chantecoq avait manœuvré de telle sorte qu'il se trouvait placé entre le complice de Courtil et la porte, qui donnait sur le palier.

Tout en prenant une attitude ahurie et effarée, il balbutia :

— Tant pis pour moi ? je ne comprends pas !

— Eh bien ! vous allez comprendre, scandait le gredin, en brandissant un browning qu'il avait pris dans la poche arrière de son pantalon.

Et il martela :

— Haut les mains !

— Haut les mains ?... Pourquoi ? interrogeait le faux tabellion d'une voix tremblante.

L'Américain ripostait :

— Parce que, si vous ne m'obéissez pas, je vous brûle la cervelle.

— Pas possible ?

— Vous avez une minute.

— Vous ne ferez pas cela.

— Ah ! vous croyez ?

L'Américain dirigea son arme vers le front de Chantecoq, qui n'était éloigné de lui que d'un mètre à peine.

Le roi des détectives ne broncha pas d'une ligne. Et, prenant tout à coup un ton ironique et une attitude provocante, il fit :

— Vous pouvez tirer, monsieur Will Strimer, je suis tout à fait rassuré. Il n'y a pas de cartouches dans cette arme.

— Pas de cartouches ?

— Mais non, expliquait tranquillement le plus grand limier du monde.

Et il continua :

— J'en suis d'autant plus sûr que ce browning est à moi et que le vôtre est dans ma poche.

« Avouez qu'il est assez rare de rencontrer chez un notaire de province un pareil talent de prestidigitateur.

Croyant que le faux tabellion bluffait, le détective américain appuya sur la détente. Mais le coup ne partit pas. Il reprit son arme. Son interlocuteur avait raison, ce n'était pas la sienne.

Il la projeta au loin, en un geste de colère, et, furieux, il s'écria :

— Pour réaliser un pareil tour, il faut être ou un policier ou un voleur.

Et il ajouta avec un air de défi :

— Mais vous ne savez pas à qui vous avez affaire.

— Ni vous non plus.

Emporté par la fureur, Will Strimer voulut se précipiter sur Chantecoq. Comme toujours, celui-ci était sur ses gardes.

D'un magistral direct de gauche, il envoya son adversaire rouler à terre. Puis, s'armant du browning qu'il lui avait si adroitement subtilisé, il lui dit :

— A mon tour de vous dire : Haut les mains !... ou bien je tire. Et cette arme-là, mieux que quiconque, vous devez savoir qu'elle est chargée puisqu'elle vous appartient.

— *All right !* fit l'Américain, qui, tout étendu, se releva péniblement sur les genoux, et, avec non moins de difficulté, leva les bras en l'air.

— Vous, murmura-t-il, vous êtes un as !

— On fait ce qu'on peut...

D'une voix qui se raffermissait peu à peu, mais tout en conservant l'attitude que le plus grand policier de notre temps lui avait ordonné de prendre, il ajouta :

— Je ne connais qu'un seul détective qui soit capable de réaliser un pareil exploit...

— Comment s'appelle-t-il ? lançait notre ami.

— Chantecoq !

— Et si je vous disais que c'est moi...

— Je vous répondrais que c'est fort possible.

— Vous auriez pu dire aussi bien que c'est certain.

Et, se débarrassant en un tournemain de sa barbe et de sa perruque, il ajouta avec la désinvolture spirituelle que lui permettait son extraordinaire maîtrise :

— Souffrez que je poursuive cet entretien sous mes traits véritables.

— Vous m'avez roulé ! grommelait l'Américain.

— J'ai fait ce que j'ai pu, souriait le Français.

— Entre confrères, on n'agit pas ainsi.

— Permettez, monsieur Will Strimer. Nous avons tous des deux une conception si différente de notre métier que je vous refuse nettement le droit d'invoquer entre nous toute solidarité professionnelle.

« Maintenant, après ces longs préliminaires, j'entends aller vite. Je n'ai d'ailleurs qu'une question à vous poser : *Combien le professeur Courtil vous donnait-il par tête de gibier que vous lui rabattiez ?*

— Par tête de gibier ? répliquait l'Américain, en feignant de ne pas avoir saisi le sens des paroles prononcées par Chantecoq.

Celui-ci précisait :

— Par tête de femme...

— Pour vous répondre, il faudrait que je connusse ce professeur.

— Ah ! vous ne le connaissez pas ?

— Mais non.

— Je vous préviens que vous vous engagez là sur un terrain plutôt dangereux...

— Je vous assure...

— Vous connaissez fort bien le *Tueur de femmes* que vous êtes venu chercher, ce soir, dans votre auto, pour le conduire au minis-

tère du Commerce, où il y avait une grande réception et où il a fait deux nouvelles victimes ! Ensuite, vous l'avez ramené chez lui.

« Inutile de nier ! Mon secrétaire a pu repérer le numéro de votre voiture ; c'est ce qui m'a permis de vous repérer vous-même et de vous tendre le petit traquenard que vous savez. Reconnaissez que vous ne l'aviez pas volé !

L'Américain gardait le silence. Il était pris. Il ne s'agissait plus pour lui que de s'en tirer au meilleur compte.

Chantecoq était un trop profond psychologue pour ne pas deviner ce qui se passait en lui.

Il se dit :

« Je le tiens, et, avant peu, il va se montrer aussi loquace que jusqu'alors il s'est tenu sur la réserve ! »

Tout haut, il reprit :

— Je renouvelle donc ma question : combien le *Tueur de femmes* vous remettait-il par victime que vous lui ameniez ?

— Monsieur Chantecoq, je vous assure que jamais...

— Ne cherchez pas à nier... Je ne vous croirai pas... Car je sais comment les choses se sont passées et je m'en vais vous le dire.

« Un beau jour, vous avez reçu la visite du professeur Courtil qui vous a tenu ce langage :

« — Monsieur le détective, de par vos fonctions, il doit vous arriver fréquemment, sur la demande des maris qui se croient trompés, de filer des épouses infidèles en vue de les faire surprendre en flagrant délit. Je vous demande donc de bien vouloir me fournir le nom, l'adresse et le signalement de toutes les coupables que vous connaîtrez ; moyennant quoi, je vous donnerai une rétribution de tant !

« Sans même demander d'explication à cette offre qui aurait dû cependant vous inspirer sinon quelques soupçons, mais du moins quelques inquiétudes, vous avez accepté tout de suite. Car vous aviez à ce moment et vous avez encore de pressants besoins d'argent...

« Les boîtes de nuit de Montmartre et de Montparnasse coûtent fort cher. Passons...

« Un jour, vous avez remarqué — c'était fatal — que toutes les jeunes femmes que vous aviez signalées au professeur Courtil disparaissaient, les unes après les autres, d'une manière aussi semblable que foudroyante.

« Un peu ému tout de même malgré votre flegme qui est surtout basé sur un manque total de scrupules, vous êtes allé trouver le *Tueur de femmes*... Vous l'avez questionné ! Il vous a répondu très nettement. Car il l'attendait et il s'y était préparé depuis quelque temps...

« Voici le sens de sa déclaration.

« — C'est moi, en effet, qui supprime toutes les femmes que vous m'envoyez... Si vous me dénoncez, j'affirme que vous étiez d'accord avec moi et je vous entraîne dans ma destinée. Car vous pourrez être sûr qu'on me croira !

« — C'est bien cela qu'il vous a dit, n'est-ce pas ?... Vous ne me répondez pas ? Nous sommes d'accord !

« Pris dans l'engrenage, par peur encore plus que par cupidité, vous avez continué à fournir le bourreau de victimes... Vous êtes un misérable... Will Strimer !...

« Mais ce que je veux faire, ce n'est pas livrer à la justice le complice du professeur Courtil, mais c'est de m'emparer de celui-ci et de le mettre hors d'état de nuire.

« Certes, vous avez encouru une terrible responsabilité... Si vous étiez jugé, en même temps que le *Tueur de femmes*, je me demande si vous arriveriez à sauver votre tête. En tout cas, vous seriez condamné certainement aux travaux forcés à perpétuité.

A cette menace, l'Américain ne put réprimer un tressaillement. Chantecoq poursuivait :

— Je n'ai qu'un mot à dire ou plutôt un appel à lancer pour vous faire coffrer immédiatement.

« Je ne le ferai pas, mais à une condition, c'est que vous allez immédiatement me dire où se trouve en ce moment le professeur Courtil.

— Je n'en sais rien.

— Blagueur !...

— Je vous assure que j'ignore...

— Nous allons bien voir.

Tout en maintenant l'Américain sous la menace de son browning, Chantecoq, se dirigea vers le téléphone.

— Qu'allez-vous faire ? interrogeait fiévreusement Will Strimer, toujours agenouillé et les bras en l'air.

— Alerter la police...

— Grâce.

— Ah ! vous vous dégonflez !

— Non, mais... je...

Implacablement le roi des détectives avançait la main vers l'appareil... Perdant complètement la tête, fou comme une bête traquée, obéissant à un réflexe d'instinctive défense, le détective américain se dressa sur ses jambes et s'élança vers Chantecoq...

Celui-ci, au lieu de l'abattre d'un coup de browning, se contenta de lui asséner un terrible uppercut qui le mit knock-out...

— Et maintenant, fit-il, nous allons nous amuser un peu...

Il s'en fut vers son pardessus qu'il avait jeté sur le lit et prit dans l'une des poches l'une des deux boîtes métalliques que nous lui avons vu emporter.

Il en ouvrit une et s'empara d'une cordelette de soie avec laquelle il commença à saucisonner le détective américain, qui ne donnait plus signe de vie.

Puis, par mesure de précaution, il le bâillonna avec son mouchoir et, se dirigeant de nouveau vers l'appareil téléphonique, il allait le faire fonctionner, lorsque la sonnerie strida.

Il saisit l'appareil et écouta. Une voix s'élevait à l'autre bout du fil.

Chantecoq, qui avait toutes les mémoires, y compris celle de l'oreille, reconnut aussitôt la voix du professeur.

— Allô !... fit Courtil. C'est vous, Strimer ?

Imitant aussitôt à s'y méprendre l'accent et les intonations de Will, le grand limier français répliquait :

— C'est moi.

— Je commençais à m'inquiéter de votre absence et j'avais peur que vous ne fussiez tombé dans quelque piège.

— Non, ça va très bien, au contraire. Je viens de vous trouver une nouvelle cliente... Venez me rejoindre tout de suite à l'hôtel du quai d'Orsay. Demandez à parler immédiatement à Maître Josset, notaire.

« Je vais donner au bureau toutes les instructions nécessaires pour que vous soyez immédiatement reçu. Vous n'aurez qu'à vous nommer et on vous conduira immédiatement jusqu'à moi.

— C'est entendu, mais vous ne craignez pas...

— Je suis tout à fait tranquille.

— Alors, à tout à l'heure !

— A tout à l'heure !

Chantecoq raccrocha l'appareil. Il avait le sourire des grands jours ou plutôt des belles nuits de victoire.

La chasse à l'homme qu'il avait entreprise n'avait pas été de longue durée ; maintenant, ce n'était plus lui qui poursuivait le gibier : c'était le gibier qui venait de lui-même se prendre au piège.

Il fut sur le point de s'élancer sur le téléphone, de demander le numéro de M. Lereni et de le réveiller par un cocorico triomphant.

Mais il se dit :

« Laissons-le dormir encore un peu et ne l'appelons que lorsque j'aurai tenu tout à fait l'engagement que j'ai pris envers lui.

« Et puis, je ne serai pas fâché, non par amour-propre, mais par curiosité professionnelle, d'avoir un dernier entretien en tête à tête avec le *Tueur de femmes*.

« J'ai l'idée que cette conversation suprême me réserve quelques surprises... »

Tout en allant vers l'Américain qui commençait à revenir à lui, mais était entièrement immobilisé par le bâillon et les liens dont il l'avait gratifié, le roi des détectives l'empoigna de ses bras vigoureux et le traîna.

jusqu'à la salle de bain, l'étendit au fond de la baignoire, le cacha sous un peignoir et laissa la porte ouverte, afin de surveiller son prisonnier. Alors, il revint dans la chambre et murmura :

« En attendant le professeur, je crois que je vais pouvoir fumer une bonne pipe... »

XI

OU L'ON S'APERÇOIT QUE LA THÉORIE DU DÉDOUBLEMENT DE LA PERSONNALITÉ EST UNE VÉRITÉ SCIENTIFIQUE QUE L'ON A TORT DE DÉDAIGNER

Après avoir bourré et allumé sa bouffarde, Chantecoq s'empara du téléphone intérieur de l'hôtel et prévint le concierge de service que, dès que le professeur Courtil se présenterait, il n'aurait qu'à le faire monter dans sa chambre.

Puis, ainsi qu'il se l'était promis, il bourra et alluma sa pipe. Après avoir réfléchi pendant quelques instants, tout en renvoyant vers le plafond les larges bouffées bleuâtres qu'il tirait de son calumet, Chantecoq rendossa son veston, se coiffa de sa perruque, réajusta la fausse barbe à son menton et s'en fut prendre dans la seconde boîte métallique qu'il avait apportée un pistolet de forme bizarre qu'il dissimula dans l'une des poches de son veston.

Cela fait, après s'être commodément installé dans un fauteuil, il attendit patiemment les événements ou plutôt le professeur Courtil, qui, d'ailleurs, n'allait pas tarder à se faire annoncer.

A peine une demi-heure après la fin du véritable duel entre le grand détective français et le pitoyable détective américain, on frappait à la porte.

— Entrez ! fit aussitôt le fin limier.

Un garçon apparut, annonçant :

— Monsieur le professeur Courtil.

Puis, il s'effaça, afin de permettre au savant de pénétrer dans la pièce. Aussitôt, il se retira, laissant seuls, face à face, les deux protagonistes du drame que nous sommes en train de retracer.

En apercevant seulement celui qui ne pouvait être que le notaire Josset, le chimiste manifesta une certaine surprise.

Aussi, Chantecoq s'empressa-t-il de déclarer :

— Monsieur le professeur, ne vous inquiétez pas au sujet de M. Will Strimer... Il a dû s'absenter pendant quelques instants, mais il ne va pas tarder à revenir et il m'a demandé, en attendant son retour, de vous tenir compagnie.

Un peu inquiet, Courtil se demandait :

« Quelle singulière idée Strimer a-t-il eue de me faire venir ici et surtout de me laisser seul en présence de ce personnage que je ne connais ni d'Eve ni d'Adam... Il a l'air d'un très brave homme, mais sait-on jamais ? »

L'arrachant à ses idées, le faux tabellion l'invitait avec empressement à s'asseoir dans le fauteuil qu'il occupait quelques instants auparavant.

Le professeur Courtil y consentit, visiblement gêné. Son inquiétude se traduisit par ces mots :

— Pensez-vous, monsieur, que M. Strimer va beaucoup tarder ?

— Je ne le pense pas. Peut-être pourriez-vous déjà me parler un peu.

— Je ne demande pas mieux, déclarait le savant. Car je vous avouerai franchement que je n'ai pas très bien compris ce qu'il me disait par téléphone.

— J'étais là, déclarait Chantecoq, et j'ai trouvé qu'il vous parlait très clairement.

— Sans doute ai-je mal saisi ?

— Mais je peux vous répéter textuellement ce qu'il vous a dit ; il vous a téléphoné ceci :

« — Je viens de vous trouver une nouvelle cliente. Venez me rejoindre tout de suite à l'hôtel du quai d'Orsay. Demandez à parler immédiatement à M° Josset, notaire.

« C'est bien cela, n'est-ce pas

— Parfaitement, monsieur.

— Eh bien ! ma nouvelle cliente, c'est ma femme...

— Votre femme ?...

— Oui, ma femme, accentuait Chantecoq. Elle m'a indignement trompé.

A ces mots, un flot de sang empourpra subitement le visage du savant, dont les yeux prirent en même temps, involontairement, instinctivement, une expression d'implacable férocité.

Le roi des détectives, qui notait soigneusement tous ces détails, continuait sur le ton d'un homme qui est réellement affligé par une profonde douleur :

— La misérable que j'adorais, qui était tout mon bonheur, toute ma vie, m'a quitté, en m'emportant cent mille francs, pour rejoindre son amant.

« Un jeune homme interlope, un métèque, qu'elle avait rencontré dans un dancing nantais.

« Et savez-vous quelle raison cette gueuse a trouvée pour justifier sa conduite ? Elle a prétendu que, trop absorbé par mon travail, je la négligeais trop, je ne m'occupais plus d'elle.

Chantecoq ne continua pas. Le professeur venait de l'interrompre par une sorte de rugissement de bête fauve, qui se prolongea comme la plainte d'un animal cruellement blessé.

Et, se redressant, l'œil hagard, injecté, hors de lui, fou, l'écume aux lèvres, le savant haleta :

— Où est-elle ? Où est-elle ?... Je veux la tuer, la tuer, la tuer !

D'une main, le grand limier lui saisit le bras, et, de l'autre, enlevant sa perruque et sa barbe, il fit, en plongeant son regard dans celui du savant :

— Fini de tuer, monsieur le professeur. C'est à votre tour de répondre de vos actes !

— Chantecoq !... reconnut le savant.

Et il s'écroula sur le plancher, comme s'il venait d'être tout à coup frappé d'un coup de massue.

Le roi des détectives allait se pencher vers lui. Mais il lui sembla percevoir près de lui un bruit de pas étouffés. Il se retourna : un couteau à la main, Will Strimer, qui avait appris avec le célèbre Houdini l'art de se débarrasser des entraves les plus serrées, avait réussi à desserrer son bâillon et ses liens et s'approchait, prêt à frapper traîtreusement dans le dos son loyal adversaire.

Mais celui-ci, prompt comme l'éclair, sortait de sa poche le pistolet à forme bizarre, dont nous avons parlé plus haut, et, l'approchant du visage de Will, au moment où celui-ci fondait sur lui, il appuya simplement sur la détente.

Aucune détonation ne retentit, et pourtant, l'Américain s'écroula sur le parquet, comme si une balle venait de lui traverser le cerveau.

Chantecoq venait d'utiliser, une fois de plus avec succès, son fameux pistolet somnifère (1) qu'il avait inventé en collaboration avec un de nos plus illustres chimistes et le meilleur armurier de Paris, et grâce auquel il avait déjà obtenu de merveilleux résultats, en endormant les bandits auxquels il s'attaquait ou bien contre lesquels il avait à se défendre.

Tout en contemplant ses deux adversaires qui, pas plus l'un que l'autre, ne donnaient signe de vie, il grommela :

« Avec l'Américain, je suis tranquille. Il ne reviendra pas à lui avant le jour.

« Quant à l'autre, il n'est qu'évanoui et, en deux minutes, je puis le ramener aux réalités qui l'attendent.

« Après tout, ma besogne est terminée. Si je prévenais Lereni ?

« Au fait, j'ai bien le temps, et je reconnais, sans la moindre difficulté, qu'il ne me serait pas désagréable d'avoir avec le *Tueur de femmes* un dernier entretien, qui me fixerait entièrement sur le degré de sa responsabilité.

« Obtenir de ce criminel. que je n'ai pas encore rencontré sur ma route, une confession intégrale, absolue, ne serait-ce pas ajouter à mes nombreuses aventures un chapitre

____

(1) Cette arme est employée par la police officielle des Etats-Unis.

aussi inédit qu'émouvant ? Eh bien ! allons-y !

Il s'inclina vers le professeur. Chantecoq constata aussitôt qu'il n'aurait pas besoin d'employer aucun révulsif pour lui faire reprendre connaissance.

Courtil commençait à s'agiter légèrement. Lentement, ses paupières se soulevaient, laissant apparaître un regard vague, trouble qui révélait que, moralement, le savant ne s'était nullement ressaisi.

Chantecoq se plaça à l'écart, de façon que le professeur ne remarquât pas tout de suite sa présence. Péniblement, le savant se redressa sur son séant. Il semblait littéralement hébété. Sans doute, un voile obscurcissait-il son regard, car, lentement, avec des gestes d'automate, il se frotta les yeux.

Puis, de ses deux mains il étreignit son front. Plusieurs soupirs gonflèrent successivement sa poitrine et le dernier se termina en une sorte de râle douloureux.

Angoissé, puis exprimant toute la détresse, tout le désarroi et peut-être aussi toute l'inconscience qui étaient en lui, il insista, il chercha à se relever.

Alors, il aperçut, étendu à deux mètres environ de lui, le corps de l'Américain. A sa vue, il demeura figé de surprise et d'épouvante.

Puis, comme s'il n'avait pas la force de se redresser sur ses jambes, il rampa vers Will Strimer avec des allures de bête à la fois excitée par la curiosité et retenue par la peur.

Chantecoq le laissa faire. Et se glissant derrière les tentures de l'une des deux fenêtres, il se préparait à observer ce qui allait se passer.

Non sans avoir hésité, Courtil, dont un rictus inquiétant barrait le visage contracté, était arrivé tout près de l'Américain. Il le dévisagea un instant, d'un air égaré, hocha la tête et, tandis qu'un peu d'écume apparaissait aux commissures de ses lèvres, il grommela assez haut pour que Chantecoq l'entendît :

— On dirait que j'ai déjà vu cet homme quelque part !

Il le saisit par le bras et le secoua, mais Will Strimer, littéralement abruti de sommeil, ne fit même pas entendre un grognement de protestation.

Toujours à haute voix, le savant reprenait, l'air de plus en plus effaré :

— Il est mort ! Pourquoi est-il mort ? Qui l'a tué ? Ou pourquoi s'est-il tué ? Ce n'est pas moi, non, ce n'est pas moi.

« Et puis, pourquoi suis-je ici ? Et qu'est-ce, ici ?...

Il restait à genoux, près du corps inanimé de l'Américain, se pencha vers lui, en répétant :

— Je l'ai déjà vu, mais où ?... Comment ? Je ne me rappelle pas ; je ne sais pas ; je ne comprends pas.

Le roi des détectives, qui de sa cachette, suivait cette scène avec un intérêt passionné, se disait :

« Cet homme est évidemment sincère. Donc ce n'est pas un demi-dément, ainsi que je le pensais, ni même un maniaque irresponsable, mais un fou intégral, à moins que, tel le héros de cette pièce si poignante, le *Procureur Hallers*, il y ait en lui un dédou-

blement de la personnalité qui fasse que, tour à tour, il soit le plus paisible des hommes et le plus effroyable des assassins.

« Nous allons nous en assurer.

Soulevant la tenture derrière laquelle il se dissimulait, Chantecoq s'avança rapidement vers le professeur Courtil, qui le dévisageait avec des yeux d'halluciné.

Quand il fut tout près de lui, il l'entendit répéter la même phrase qu'il venait de proférer un instant auparavant, en regardant Will Strimer :

— Je l'ai déjà vu, mais où ?... comment ? Je ne me rappelle pas. Je ne comprends pas.

Sans violence, et même avec une certaine douceur, le roi des détectives saisit le professeur par le bras, et, tout en le fixant profondément, il articula :

— Regardez-moi comme je vous regarde et tâchez de vous souvenir.

Le savant ne chercha pas à se dérober.

L'expression de sa physionomie indiquait très nettement son état d'âme, c'est-à-dire celui d'une stupéfaction profonde et d'une indécision aussi sincère qu'absolue.

Cette attitude ressemblait étrangement à celle d'un dormeur qui vient d'être subitement réveillé et arraché à un cauchemar dont il ne se rappelle plus la donnée, mais dont il continue à subir l'influence morbide.

Tout cela renforçait singulièrement cette thèse du dédoublement de la personnalité que Chantecoq avait adoptée, lorsqu'il recherchait les mobiles qui avaient poussé un homme d'une si grande envergure, d'une si rigide honnêteté et d'un si beau caractère, à devenir le *Tueur de femmes*.

Maintenant, il n'en doutait plus : seul, un

violent traumatisme moral avait pu de cet homme en faire deux, mais deux hommes s'ignorant l'un et l'autre, deux individualités entièrement distinctes et n'ayant aucun point de compréhension entre elles, séparées par une sorte de compartiment étanche, qui les faisait mutuellement s'ignorer, si bien que chacune d'elles ne pouvait devenir agissante que lorsqu'elle était entièrement séparée de l'autre.

Deux âmes dans un même corps, l'une celle d'un homme d'un génie admirable, d'une vertu profonde ; l'autre, celle d'un sadique, d'un criminel, d'un bourreau implacable : tel était le phénomène que présentait le professeur Courtil !...

Il apparaissait au détective que ce n'était plus ni de l'échafaud, ni du cabanon que ce malheureux relevait, mais de la science.

Quel extraordinaire sujet d'études il allait fournir, en effet, à ses confrères ! Songeant à tout le mal que ceux-ci lui avaient fait, le grand limier cessa de penser à la conclusion de son enquête.

Il venait de se demander tout à coup s'il ne valait pas mieux livrer ce fou à la justice qu'à l'examen de ses pairs.

D'ailleurs, un dernier doute subsistait en lui : qui sait, s'il ne se trouvait pas devant un de ces simulateurs extraordinaires, qui cherchait à lui donner le change, à le duper, à obtenir des promesses et à en profiter pour lui échapper, ainsi qu'à la vindicte publique, qui ne pouvait qu'être implacable envers lui.

Chantecoq n'était pas homme à demeurer longtemps dans une telle incertitude. Jamais il ne laissait rien dans l'ombre et l'affaire qu'il était en train de liquider était de celles où il importe de tout éclaircir.

Il était bien décidé à n'y mettre le point final que lorsqu'il aurait projeté toute la lumière dans son esprit, résolu en toute la puissance de sa raison, la dernière proposition du problème qui lui restait à élucider.

Il tenait toujours le savant par le bras et celui-ci ne songeait nullement à se dégager de son étreinte, pas plus qu'il ne détachait son regard de celui du limier.

On eût dit, au contraire, qu'il implorait instinctivement de sa part une protection contre un danger qu'il ne voyait pas, mais qu'il pressentait.

Et de ses lèvres tremblantes, ces mots s'échappèrent, murmurés avec l'accent d'une prière beaucoup plus que celui d'une question.

— Qui êtes-vous, monsieur ?

Et comme Chantecoq ne lui répondait pas tout de suite, il articula, craintif comme un enfant qui aurait peur d'être grondé pour une faute dont il serait innocent :

— Pardonnez-moi de ne pas vous reconnaître. Mais, en ce moment, ma mémoire est comme un trou dans lequel il n'y aurait plus que des ténèbres. Je ne me rappelle plus rien.

« Ma pensée est incapable de saisir autre chose que ce que j'ai devant moi. Et c'est effrayant. Je suis comme un mort vivant qui entrerait tout à coup dans un monde inconnu ou plutôt comme un aveugle qui reverrait tout à coup la lumière, après de longues, très longues années d'obscurité.

« Aidez-moi, monsieur, à sortir de cette situation si douloureuse, dites, vous le voulez bien ?

— Certainement, acquiesçait le roi des détectives.

Et, tout de suite, il interrogea :

— Vous rappelez-vous votre nom ?

Le savant chercha un instant ; puis, il eut un signe de tête négatif.

— Je vais vous le dire, poursuivait le grand limier. Vous vous appelez le professeur Courtil.

Le savant tressaillit, abaissa ses paupières, comme s'il éprouvait le subit besoin de se renfermer en lui-même.

Pendant quelques secondes, il demeura silencieux, immobile. Puis, toujours les yeux clos, il fit :

— Oui, c'est moi le professeur Courtil.

Chantecoq reprenait :

— Vous êtes un grand, un très grand savant. Malheureusement, vous avez été victime de la jalousie de vos collègues, qui se sont efforcés de barrer la route à l'homme de génie qu'ils avaient été bien obligés de reconnaître en vous.

« Vos théories aussi audacieuses que théoriques, risquaient fort de renverser le frêle échafaudage d'empirisme sur lequel repose la médecine moderne, plus encore peut-être que la médecine ancienne. Ils ne l'ont pas voulu. Ils vous ont brisé.

— Comme vous me connaissez bien ! soupirait le professeur.

« Oui, c'est la vérité : toute cette coterie d'arriviste m'a étouffé ; sans elle, j'aurais réalisé de bien grandes choses.

« Mais continuez donc, ça me rappelait ma vie, vous me rappelez à l'existence, car vous n'avez pas fini ?...

— Non, je n'ai pas fini, déclarait Chantecoq, avec une gravité teintée d'émotion.

Car il sentait que le moment de la grande épreuve était arrivée.

Et il reprit, en pesant bien chacun de ses mots et en ressaisissant le regard du savant, qui, depuis quelques secondes, lui avait échappé.

— Armé comme vous l'étiez, vous n'eussiez certainement pas renoncé à la lutte, déserté le champ de bataille, si la plus terrible catastrophe que vous pouviez redouter ne s'était pas abattue sur vous.

— La plus terrible catastrophe ? répétait Courtil, en pâlissant.

Chantecoq continuait :

— Vous étiez marié a une femme que vous adoriez.

— Comment ! s'exclamait le savant, dont les dents claquaient. Comment ! vous savez cela aussi...

— Et bien d'autres choses encore, affirmait le célèbre limier, qui sentait grandir de minute en minute l'ascendant qu'il exerçait déjà sur son interlocuteur.

Et tout en martelant ses mots, comme s'il voulait les faire pénétrer plus sûrement, plus directement dans son cerveau qui commençait à reprendre son état de réceptivité, il poursuivit:

— Un jour, vous avez acquis la preuve que vous étiez trompé.

— Moi ! s'exclamait le professeur, dont la figure se crispait de toute sa douleur renouvelée.

— Oui, vous, appuyait le roi des détectives. Alors, vous avez voulu châtier la coupable vous-même. Elle a été votre première victime.

Un cri rauque échappa au savant, qui chancela. Chantecoq le retint et le fit asseoir sur un fauteuil.

Se penchant vers lui, le limier, qui avait résolu d'aller jusqu'au bout, reprenait :

— Non pour fuir une justice que vous saviez très bien ne pas pouvoir vous atteindre, mais pour vous éloigner d'un milieu, d'une ambiance, qui évoquait sans cesse votre bonheur passé et ne pouvait qu'accroître votre détresse présente, vous êtes parti vous réfugier dans un bourg breton, et vous avez demandé au travail et à la retraite l'apaisement et l'oubli.

« Vous ne les avez obtenus que par intermittence. Malgré tous vos efforts sincères et méritoires, vous n'avez pu chasser de votre pensée le souvenir de celle qui vous avait trahi. Il vous hantait sans cesse.

« Bientôt, il ne vous a plus laissé un instant de répit. Et la continuité dans la souffrance a fini par créer en vous un second individu, tout à fait différent de celui que vous aviez été jusqu'alors, c'est-à-dire un être haineux, violent, vindicatif, qui a bientôt perdu tout contrôle de lui-même.

« C'est ainsi que vous en êtes arrivé, peu à peu, à incarner à vos propres yeux une sorte de justicier, qui se serait donné à lui-même la mission de châtier les femmes adultères.

« Au service de cette cause, vous avez mis les ressources de votre génie scientifique ; vous n'avez plus dirigé votre esprit que sur un seul but ; et vous, qui aviez déjà inventé le moyen de ranimer les léthargiques, vous êtes arrivé à établir la formule chimique, grâce à laquelle vous endormiez toutes les épouses coupables que vous rencontriez sur votre route ou que l'on signalait à votre terrible attention.

« Cette formule, longtemps vous avez hésité à vous en servir. Votre *double* avait à lutter contre votre première personnalité, qui était celle d'un grand honnête homme. Mais il devait être un jour le plus fort.

« L'idée fixe s'est emparée de vous et vous a transformé en une sorte de monomane et dont rien, désormais, pas même la plus élémentaire pitié, ne pouvait vous délivrer.

« Cependant, votre conscience vous imposait de ne frapper qu'à coup sûr. Vous vous révoltiez à la pensée de condamner une innocente.

« La preuve, c'est que, lorsque je vous ai démontré que Mme Barrois n'était pas coupable, vous n'avez pas hésité un seul instant à la ranimer, à la réveiller, à la sauver.

« Et pourtant, à ce moment, vous étiez sous l'influence de votre double. Vous aviez entièrement abdiqué votre première personnalité.

« Mais ceci n'est qu'une parenthèse ; je la ferme et je reviens entièrement à notre sujet.

« Je vous disais donc que vous vous refusiez de frapper à tort et à travers et que vous teniez absolument à frapper à coup sûr.

« Et voilà comment est née en vous l'idée de vous adresser à un de ces détectives privés et véreux, tel que ce Will Strimer, que vous voyez là et qui est plus coupable que vous, puisque lui possédait son libre arbitre et son entière responsabilité. C'est donc lui qui vous désignait celles que vous deviez sacrifier.

« Qui sait si, à l'erreur que je vous ai signalée, il ne s'en est pas ajouté d'autres ?

« Ah ! monsieur le professeur Courtil, pourquoi n'êtes-vous pas resté vous-même ? Etes-vous plus avancé, maintenant que vous avez obéi à cet instinct de vengeance destructive qui vous animait, maintenant que vous avez jalonné votre route de cadavres ? Ne sentez-vous pas le remords vous empoigner, à la pensée de ces malheureuses que vous avez emmurées vivantes dans leur tombe ?

« Ne vous dites-vous pas que, parmi vos victimes, il en était qui avaient droit à de larges circonstances atténuantes et que beaucoup étaient des égarées que le repentir pouvait bientôt toucher ?

« Avez-vous songé que ces femmes avaient des maris qui ignoraient leur faute et les eussent peut-être ignorées toujours, des enfants, des inconscients, qui, à eux seuls, auraient dû vous retenir.

« Non, professeur Courtil, l'idée fixe vous dominait à un tel point que vous vous êtes montré implacable.

« Je ne doute pas un seul instant que, chaque fois que cet immonde Strimer vous désignait une victime, vous ayez éprouvé une joie sadique, une allégresse infernale.

« Pourquoi, à ce moment, ne veniez-vous pas entendre vibrer à vos oreilles les vers du poète de *Jésus de Nazareth :*

Plein de pitié pour la femme adultère,
Qui s'agenouille et pleure en son chemin,
Il dit à ceux qui lui jettent la pierre :
« Sur votre cœur avez-vous mis la main ? »

— Assez, assez, interrompait le professeur Courtil, en éclatant en sanglots.

Le roi des détectives le laissa exhaler tout son désespoir.

Le compartiment étanche qui, pendant de si longues années, avait séparé le savant de son double, était en train de disparaître, rétablissant, ainsi, le rapprochement et la fusion en une seule, de ces deux âmes étrangement séparées et si hermétiquement fermées à tout contact.

Avant d'être jugé par les hommes, le savant se jugeait lui-même...

Le verdict auquel il venait de se condamner lui-même n'allait pas tarder à sortir de sa bouche.

— Monsieur Chantecoq, fit-il d'une voix grave et calme, je viens, grâce à vous, de me ressaisir entièrement. Je n'ajouterai qu'un mot : un homme tel que moi doit disparaître et cela sans tarder. Tuez-moi donc, comme vous avez tué Will Strimer.

Tout en dirigeant son regard vers l'Américain toujours inerte, Chantecoq affirmait :

— Moi je ne tue jamais, j'endors. Ce gredin est en effet plongé dans un profond sommeil, d'où il ne s'éveillera que dans une prison bien close.

— Alors, s'exclamait le professeur Courtil avec terreur, vous voulez m'envoyer en prison ?

Et sans donner au roi des détectives le temps de lui répondre, il s'écria :

— Je vous en supplie épargnez-moi cette honte. Non pas que j'ai peur du châtiment. Est-ce que je ne viens pas de vous dire : Tuez-moi ? Non, la mort ne me fais pas trembler ; si vous saviez, au contraire, combien je la regarde en face ! Frappez-moi donc que ce soit fini tout de suite !...

« Tuez-moi !

« Vous ne voulez pas... Eh bien ! laissez-moi me faire justice moi-même. Il le faut, non pas seulement pour m'éviter le procès effroyable, ou nul, en dehors de vous, ne voudra comprendre que j'ai agi sous l'empire d'une sorte d'hypnose dont vous m'avez réveillé.

« Ne permettez pas que d'autres médecins m'examinent...

« Ils m'éviteront peut-être la guillotine. Ils concluront à une responsabilité limitée, et ce serait le bagne, ou bien, s'ils prétendent que je suis fou, le cabanon. Je ne veux ni de l'un ni de l'autre, pas plus d'ailleurs que de l'impunité, car c'est effroyable à dire, si je restais libre, *j'aurais peur de recommencer !...*

« Le malheureux, se dit Chantecoq, il ne guérira jamais ! »

Secoué par de nouveaux sanglots, le professeur reprenait :

— Laissez-moi tout ce qu'il me faut. Ce ne sera pas long. Une seconde à peine. Mais ne me regardez plus ainsi, car tant que vos yeux demeuront fixés sur les miens, je n'aurai pas la force d'esquisser le moindre geste.

« Vos yeux me pétrifient. Il me semble que tout mon corps n'est plus qu'un bloc de pierre, que mon cerveau seul est vivant, que mes jambes, mes bras, je ne peux plus les remuer. Un poids de cent kilos m'écrase la poitrine. Je n'ai plus qu'une sensation de froid, intense, et voici que... ma langue... s'embarrasse... Des nuages... partout... la nuit... la nuit...

La tête du savant retomba en arrière sur le dossier du fauteuil. Chantecoq se pencha pour écouter si son cœur battait encore.

Il battait à intervalles réguliers. Chantecoq tâta le pouls du savant, ce n'était pas celui d'un agonisant. Il lui pinça fortement le bras, sans obtenir aucun réflexe. Les yeux fixes, mais non vitreux, ressemblaient à deux fenêtres grandes ouvertes.

— Paralysie, fit le roi des détectives, avec le ton assuré d'un médecin sûr de son diagnostic.

Et il ajouta :

— Mieux vaut qu'il en soit ainsi !

Il s'en fut vers le téléphone. Tout d'abord, il demanda la communication avec son propre domicile.

Bientôt, il entendit la voix de Météor résonner à l'autre bout du fil :

— Allô ! c'est vous, patron ?

— Oui, mon petit. Tout va bien !... Tu peux te coucher et dormir tranquille. Tout est terminé.

— Patron... je...

Météor ne put en dire davantage. Le grand limier avait déjà raccroché le récepteur. Chantecoq attendit une minute ou deux. Puis, il demanda le numéro de Lereni... Quand il l'eût obtenu, il lança dans l'appareil :

— Cocorico !

Mais ce cri de ralliement n'avait pas l'éclat du triomphe. Il était même empreint d'une certaine tristesse. Le roi des détectives pensait, en effet, à toutes celles qui avaient payé si cher un moment de folie, une heure d'entraînement. Il pensait aussi à ce génie formidable, à ce grand homme brisé, qui aurait pu accomplir de si grandes choses et dont l'hostilité de ses confrères et l'infidélité d'une femme légère avaient fait un des monomanes les plus redoutables qui eussent jamais existé.

Maintenant, le *Tueur de femmes* n'était plus qu'une loque, qu'une épave, un corps sans âme, une âme sans corps. Rien !

Si un peu de vie persistait encore en lui, ce n'était plus qu'en un écho déjà lointain de vibrations passées. Ce n'était même pas une agonie, même pas la dernière lueur qui s'éteint, mais une sorte de survie mécanique, telle que, dit-on, en éprouvent les condamnés à mort, lorsqu'on leur a tranché la tête.

Quand deux heures plus tard, M. Lereni pénétra dans la chambre d'hôtel où venait de se dérouler cette scène, il trouva Chantecoq qui contemplait, avec une expression d'indicible tristesse, ce qui restait d'un homme de génie.

ÉPILOGUE

Quelques jours après les événements que nous venons de décrire, Chantecoq, assis dans son studio devant sa table de travail, lisait tout haut à son secrétaire et collaborateur Météor l'article suivant, que publiait un grand quotidien du matin.

Nous reproduisons cet article dans son entière intégrité.

« Nous avons déjà raconté à nos lecteurs « avec quelle habileté M. Lereni, le directeur « de la police judiciaire, avait réussi, avec le « concours des meilleurs de ses inspecteurs « à découvrir et à arrêter le *Tueur de « femmes*, c'est-à-dire le professeur Courtil « et son complice le détective privé améri- « cain Will Strimer.

« Nous avions également raconté que cette « arrestation s'était produite dans un hôtel « de la rive gauche où le maniaque et « effroyable auteur de ces abominables mas- « sacres avait donné rendez-vous à son ra- « batteur habituel.

« Complétons maintenant nos informa- « tions.

« M. Lereni et ses inspecteurs se sont trou- « vés en face d'un homme qui devait être « frappé d'une attaque de paralysie et d'un « autre, qui, étendu sur le sol, paraissait « ivre mort.

« Le premier n'était autre que le profes- « seur Courtil, qui, vu son état a été immé- « diatement dirigé sur l'infirmerie du Dépôt ; « quant au second, c'était l'Américain Stri- « mer, qui, immédiatement, a été emporté « par les agents et enfermé dans une cellule « où il a été soumis d'ailleurs à la plus « étroite surveillance.

« Cet odieux personnage ne s'est réveillé « qu'à neuf heures du matin. Il a eu tout « d'abord beaucoup de mal à reprendre ses « esprits, mais, habilement cuisiné, il a fini « par entrer dans la voie des aveux et par « reconnaître que c'était bien lui, qui indi- « quait au *Tueur de femmes* les malheu- « reuses que celui-ci, quelques heures après, « foudroyait de son mystérieux poison.

« Nous adressons à M. le directeur de la « police judiciaire, ainsi qu'à ses agents, « toutes nos plus sincères félicitations, et « nous espérons que le gouvernement saura « récompenser, comme il convient, un aussi « magnifique exploit.

« *P.-S.* — Nous apprenons en dernière mi- « nute que le professeur Courtil vient de suc-

LE TUEUR DE FEMMES

« comber. Seul, donc, l'Américain Will Stri-
« mer aura à répondre devant la justice de
« notre pays de cette effroyable série de for-
« faits. »

Tandis qu'un sourire plein de bonhomie
entr'ouvrait les lèvres du roi des détectives,
Météor s'écriait :

— Eh bien ! patron, je trouve tout de
même qu'ils vont un peu fort à la Préfecture.

— Pourquoi, mon ami ?

—Sapristi ! qui est-ce qui a réussi le
coup ? C'est vous !... Je crois, moi, que si
n'aviez pas été là, ces messieurs *nageraient*
encore et comment !

— C'est possible, déclarait modestement le
grand limier. Mais j'en suis enchanté, j'ai
trouvé l'occasion de rendre service non seulement à un de mes anciens élèves, qui est
devenu un de mes bons amis, mais aussi à
cette institution, qui est chargée de veiller sur
la sécurité de nos concitoyens, c'est-à-dire à
la police officielle, dont on a trop tendance
chez nous à méconnaître les admirables
efforts.

— Patron, on dirait que vous voulez y rentrer.

— Non, mon cher petit, qu'y ferais-je ?
Pas mieux certainement que ceux qui la
dirigent et qui, chaque jour, perfectionnent
avec autant d'intelligence et, j'ajouterai, de
tact, l'instrument si délicat à manier qu'ils
ont entre les mains. Mais ce que je puis faire
encore, c'est de lui apporter mon concours
anonyme, chaque fois qu'elle en sentira le
besoin et ce sera peut-être pour nous deux
l'occasion de nouvelles et nobles aventures.

« Vois-tu, mon petit Météor, nous vivons
à une époque où les honnêtes gens doivent
s'unir pour le bon combat contre la crapule.
Il ne doit y avoir ni coteries, ni chapelles,
mais une collaboration permanente, directe
ou indirecte, suivant les circonstances, entre
tous ceux qui sont aptes, soit par leurs fonctions, leurs connaissances et leurs aptitudes,
à améliorer les conditions de l'existence
humaine ; en un mot, à se conduire humai-
nement et honnêtement en toutes circonstances.

— Patron, s'écriait Météor, comme toujours, vous avez raison.

Chantecoq, tirant sa pipe, se mit à la
bourrer avec le soin qu'il apportait chaque
fois qu'il accomplissait ce rite, et, tout en
l'allumant, il fit :

— Maintenant, je crois que nous allons
pouvoir prendre deux bons mois de vacances !

AUX LECTEURS

Le détective privé Chantecoq et son mémorialiste, Arthur Bernède, ont l'honneur de remer
cier vivement leurs lecteurs et leurs lectrices, qui, en un si grand nombre et avec autant de fidé
lité, ont bien voulu s'intéresser à cette série qui prend aujourd'hui fin.
Peut-être, un jour, mais plus tard, les deux collaborateurs auront-ils l'occasion de révéler
au public les hauts faits du plus grand policier du monde ; mais, pour l'instant et même pour
quelque temps, les nouveaux exploits de Chantecoq sont terminés.

9 782329 039459